essentials

Essentials liefern aktuelles Wissen in konzentrierter Form. Die Essenz dessen, worauf es als „State-of-the-Art" in der gegenwärtigen Fachdiskussion oder in der Praxis ankommt. *Essentials* informieren schnell, unkompliziert und verständlich

- als Einführung in ein aktuelles Thema aus Ihrem Fachgebiet
- als Einstieg in ein für Sie noch unbekanntes Themenfeld
- als Einblick, um zum Thema mitreden zu können

Die Bücher in elektronischer und gedruckter Form bringen das Fachwissen von Springerautor*innen kompakt zur Darstellung. Sie sind besonders für die Nutzung als eBook auf Tablet-PCs, eBook-Readern und Smartphones geeignet. *Essentials* sind Wissensbausteine aus den Wirtschafts-, Sozial- und Geisteswissenschaften, aus Technik und Naturwissenschaften sowie aus Medizin, Psychologie und Gesundheitsberufen. Von renommierten Autor*innen aller Springer-Verlagsmarken.

Ning Huang

Taiwan-Kompetenz

Vom Halbleiter-Pionier zur
AI-Supermacht

Ning Huang
Stuttgart, Deutschland

ISSN 2197-6708 ISSN 2197-6716 (electronic)
essentials
ISBN 978-3-658-47240-5 ISBN 978-3-658-47241-2 (eBook)
https://doi.org/10.1007/978-3-658-47241-2

Die Deutsche Nationalbibliothek verzeichnet diese Publikation in der Deutschen Nationalbibliografie; detaillierte bibliografische Daten sind im Internet über https://portal.dnb.de abrufbar.

© Der/die Herausgeber bzw. der/die Autor(en), exklusiv lizenziert an Springer Fachmedien Wiesbaden GmbH, ein Teil von Springer Nature 2025

Das Werk einschließlich aller seiner Teile ist urheberrechtlich geschützt. Jede Verwertung, die nicht ausdrücklich vom Urheberrechtsgesetz zugelassen ist, bedarf der vorherigen Zustimmung des Verlags. Das gilt insbesondere für Vervielfältigungen, Bearbeitungen, Übersetzungen, Mikroverfilmungen und die Einspeicherung und Verarbeitung in elektronischen Systemen.
Die Wiedergabe von allgemein beschreibenden Bezeichnungen, Marken, Unternehmensnamen etc. in diesem Werk bedeutet nicht, dass diese frei durch jede Person benutzt werden dürfen. Die Berechtigung zur Benutzung unterliegt, auch ohne gesonderten Hinweis hierzu, den Regeln des Markenrechts. Die Rechte des/der jeweiligen Zeicheninhaber*in sind zu beachten.
Der Verlag, die Autor*innen und die Herausgeber*innen gehen davon aus, dass die Angaben und Informationen in diesem Werk zum Zeitpunkt der Veröffentlichung vollständig und korrekt sind. Weder der Verlag noch die Autor*innen oder die Herausgeber*innen übernehmen, ausdrücklich oder implizit, Gewähr für den Inhalt des Werkes, etwaige Fehler oder Äußerungen. Der Verlag bleibt im Hinblick auf geografische Zuordnungen und Gebietsbezeichnungen in veröffentlichten Karten und Institutionsadressen neutral.

Springer Gabler ist ein Imprint der eingetragenen Gesellschaft Springer Fachmedien Wiesbaden GmbH und ist ein Teil von Springer Nature.
Die Anschrift der Gesellschaft ist: Abraham-Lincoln-Str. 46, 65189 Wiesbaden, Germany

Wenn Sie dieses Produkt entsorgen, geben Sie das Papier bitte zum Recycling.

Was Sie in diesem *essential* finden können

- **Taiwans wirtschaftliche Bedeutung:** Sie erhalten eine tiefgehende Analyse der Schlüsselrolle Taiwans in der globalen Wirtschaft, den geopolitischen Spannungsfeldern, sowie der strategischen Bedeutung der Halbleiterindustrie.
- **Einführung in Taiwan:** Sie bekommen einen umfassenden Überblick über Taiwans historische und wirtschaftliche Entwicklung, insbesondere der Hightech-Industrie und der komplexen Beziehung zu China.
- **Geschäftskultur verstehen:** Sie lernen die Feinheiten der Geschäftsetikette, Kommunikationsstile, Führungsmodelle und Entscheidungsprozesse in taiwanesischen Unternehmen kennen, unterstützt durch Fallstudien und Praxisbeispiele.
- **Marketing- und Vertriebsstrategien:** Sie erfahren, wie Sie durch fundierte Analysen der Verbraucherpräferenzen, digitale Trends und Social-Media-Landschaft erfolgreich Marketing und Vertrieb in Taiwan gestalten können.
- **Verhandlungsstrategien:** Sie erhalten Einblicke in die kulturellen Besonderheiten, optimale Vorbereitung und praxisnahe Tipps für erfolgreiche Verhandlungen mit taiwanesischen Geschäftspartnern.

Für meinen geliebten Sohn **DAO**

Vorwort

Die Errichtung einer Halbleiterfabrik durch den Taiwanesischen Chiphersteller TSMC in Deutschland markiert einen Wendepunkt, der weit über die Standortwahl eines Unternehmens hinausgeht. Dieses Ereignis hat das Interesse der deutschen Öffentlichkeit an Taiwan geweckt und zugleich die Aufmerksamkeit relevanter Industriezweige in Deutschland auf die taiwanesische Lieferkette und den wirtschaftlichen Austausch gelenkt. Besonders in einer Technologieregion wie Dresden hat sich ein vertieftes Interesse entwickelt, das auch akademische Institutionen wie die Technische Universität Dresden einbezieht, die jährlich zahlreiche Studierende nach Taiwan entsendet, um dort fundierte Kenntnisse im Bereich der Halbleitertechnologie zu erwerben.

Obwohl eine Vielzahl von Publikationen die geschäftlichen Aktivitäten in China beleuchtet, gibt es einen Mangel an Literatur, die sich explizit mit Taiwan und seinen wirtschaftlichen Dynamiken auseinandersetzt. Daher unterscheiden sich Taiwan und China trotz ihrer historischen Verbindungen und ihrer offiziellen Bezeichnungen – „Republik China" für Taiwan und „Volksrepublik China" für China – in einigen Aspekten der Geschäftspraxis. Von unterschiedlichen Schriftsystemen bis hin zu kontrastierende soziale Medien: Die spezifischen Eigenheiten Taiwans erfordern eine gesonderte Betrachtung.

Zielgruppe und Adressaten
Das Buch richtet sich an fünf spezifische Lesergruppen, um ihnen praxisnahes Wissen über die Geschäftskultur Taiwans zu vermitteln:

- Geschäftsleute, die in Taiwan tätig sind
- Studierende, die ein Praktikum in Taiwan absolvieren

- Unternehmen und Geschäftsleute, die mit TSMC und verwandten Industrien kooperieren
- Personen, die in geschäftlichen Beziehungen zu Taiwan stehen oder anbahnen möchten
- Leser, die ein allgemeines Interesse an Taiwan haben

Als „Werkzeugkoffer" für unterwegs bietet dieses Buch die essenziellen Werkzeuge, um sich effektiv auf geschäftliche Begegnungen in Taiwan vorzubereiten und dabei die besonderen kulturellen und wirtschaftlichen Gegebenheiten zu berücksichtigen.

Ziele
Das Buch bietet kompakte Wissensmodule, die es den Lesern ermöglichen, ein grundlegendes Verständnis der Geschäftskultur Taiwans zu entwickeln und effektive Methoden für geschäftliche Aktivitäten dort zu erlernen. Es dient als praxisnahes Handbuch, das die relevanten kulturellen und wirtschaftlichen Besonderheiten Taiwans bündelt.

Einsatz im Unterricht
Die Inhalte erstrecken sich von der wirtschaftlichen Beziehung zwischen Deutschland und Taiwan über grundlegende Informationen zu Taiwans Geografie, Geschichte und Identität bis hin zu spezifischen Themen der Geschäftskultur wie Kommunikation, Führungsstile und Mitarbeitermanagement.

Darüber hinaus werden Marketingplattformen, Verkaufsstrategien und Verhandlungstechniken vorgestellt, die sich deutlich von denjenigen in China unterscheiden, ergänzt durch Fallstudie zu TSMC. Jedes Kapital schließt mit einem Diskurs über die Relevanz der Inhalte für deutsche Unternehmen.

Ning Huang

Danksagung

Das Buch wurde ursprünglich in chinesischer Sprache verfasst, um die tiefgehenden kulturellen und wirtschaftlichen Perspektiven Taiwans authentisch widerzuspiegeln und die reichhaltigen Nuancen der lokalen Geschäftspraktiken direkt einzufangen. Diese Herangehensweise ermöglichte mir als Autorin, die spezifischen Gegebenheiten Taiwans aus erster Hand und in ihrer sprachlichen Originalität darzustellen. Für die deutschsprachige Ausgabe wurde das Werk sorgfältig adaptiert, um den kulturellen Kontext und die Bedürfnisse der Zielgruppe präzise zu treffen. Die inhaltliche Überarbeitung erfolgte unter der wertvollen Mitwirkung zweier deutschen ExpertInnen, die anonym bleiben möchten. Mein herzlicher Dank gilt Sabine Ursel und Jochen Schultz vom China Netzwerk Baden-Württemberg e.V. für die Vermittlung des Kontakts zum Springer Verlag.

Ein ganz besonderer Dank gilt Sibylle Eichhorn für ihr sorgfältiges Lektorat, das maßgeblich zu sprachlicher Verfeinerung beigetragen hat.

Ich hoffe, dass dieses Buch Sie inspiriert und auf Ihrer geschäftlichen Reise in Taiwan bereichert. Für einen Austausch oder Fragen stehe ich Ihnen gerne per E-Mail oder über LinkedIn zur Verfügung.

Kontakt

- Website: www.ning-huang.org
- E-Mail: kontakt@ning-huang.org
- YouTube-Kanal: https://www.youtube.com/@ninghuang5929

Für weitere Einblicke in die Dynamiken Chinas und Taiwans besuchen Sie gerne meinen Blog und meinen Blog: www.ning-huang.org/blog

Ning Huang

Inhaltsverzeichnis

1	**Einleitung**	1
1.1	Taiwan im Zentrum der globalen Machtkämpfe: Die Schlüsselrolle der Halbleiterindustrie	2
1.2	Unterschiede in den geschäftlichen Rahmenbedingungen zwischen Taiwan und China	2
1.3	Taiwans Gesellschaft und Attraktivität	3
1.4	Schwerpunkte des Buches	3
	Literatur	4
2	**Grundlegende Informationen über Taiwan**	5
2.1	Technologischer Vorreiter und Exportchampion	5
2.2	Strategische Industrien und internationale Investitionen	6
2.3	Wirtschaftliche Abhängigkeiten und strukturelle Herausforderungen	6
2.4	Geografische Gegebenheiten und Naturgefahren	7
2.5	Historische Entwicklung und Taiwan-China-Beziehungen	9
2.6	Komplexe Beziehungen zwischen Taiwan und China: Eine Analyse	9
2.7	Ethnische Gruppen	13
2.8	Einzigartige taiwanesische Identität	13
2.9	Sprachgebrauch	16
2.10	Was bedeutet das für deutsche Unternehmer?	17
	Literatur	18

3 Businesskultur ... 21
- 3.1 Geschäftsetikette ... 22
  - 3.1.1 Visitenkarten, LINE-App und LinkedIn ... 22
  - 3.1.2 Gesichtsausdrucksmanagement und Begrüßung durch Händedruck ... 23
  - 3.1.3 Aufmerksames Zuhören, Emotionsmanagement und Ausdruck von Dankbarkeit ... 23
  - 3.1.4 Körperdistanz ... 24
  - 3.1.5 Die Bedeutung von Reziprozität und Geschenken ... 24
- 3.2 Kommunikationsstil ... 25
  - 3.2.1 Die Bedeutung von Titeln ... 25
  - 3.2.2 Häufige Verwendung von höflichen Ausdrücken ... 25
  - 3.2.3 Das Lächeln der Menschen in Taiwan ... 26
  - 3.2.4 Indirekte Ausdrucksweise negativer Antworten ... 26
  - 3.2.5 Respektvolle und offene Haltung ... 27
  - 3.2.6 Digitale Kommunikationskompetenz ... 27
- 3.3 Hierarchische Organisationsstruktur ... 28
  - 3.3.1 Hierarchische Struktur und der Einfluss westlicher Kultur ... 28
  - 3.3.2 Konkrete Ausprägungen der Hierarchiekultur ... 28
- 3.4 Führungsmanagement ... 29
  - 3.4.1 Vielseitigkeit der Rolle von Führungskräften ... 29
  - 3.4.2 Konkretisierungen des Führungsverhaltens ... 31
- 3.5 Entscheidungsfindung ... 31
  - 3.5.1 Entscheidungsprozess ... 32
  - 3.5.2 Entscheidungsgeschwindigkeit und Flexibilität ... 32
  - 3.5.3 Verhaltensrichtlinien für MitarbeiterInnen ... 32
- 3.6 Mitarbeiterengagement ... 32
- 3.7 Konfliktlösung ... 33
  - 3.7.1 Ursprünge und Ursachen von Konflikten ... 33
  - 3.7.2 Konfliktprävention ... 33
  - 3.7.3 Konfliktbewältigung ... 34
- 3.8 Was bedeutet das für deutsche Unternehmen? ... 34
- Literatur ... 36

4	**Marketing- und Vertriebsstrategien**		37
	4.1 Verbraucher und Generationenunterschiede		37
	4.2 Internetnutzungs-Trends und Haupt-Soziale Medien Plattformen in Taiwan		38
	4.3 Marketingstrategien		42
		4.3.1 Quellen, aus denen taiwanesische Nutzer Markeninformationen suchen	42
		4.3.2 Die drei großen sozialen Medienplattformen in Taiwan	42
		4.3.3 Influencer-Marketing-Strategien	43
	4.4 Verkaufsstrategien		43
		4.4.1 Emotionale Überlegungen und flexible Handhabung bei der Ablehnung	44
		4.4.2 Verkauf aus der Perspektive des Verlusts betrachten	44
		4.4.3 Erweiterung des Dialognetzwerks	44
		4.4.4 Berücksichtigung kultureller Faktoren	45
	4.5 Was bedeutet das für deutsche Unternehmer?		46
	Literatur		46
5	**Verhandlungsstrategien**		49
	5.1 Umgang mit taiwanesischen Verhandlungspartnern		49
	5.2 Vorbereitung vor der Verhandlung		50
	5.3 In der Verhandlungspraxis		51
	5.4 Nachbereitung der Verhandlung		52
	5.5 Was bedeutet das für deutsche Unternehmer?		52
	Literatur		53
6	**Fallbeispiel: „TSMC"**		55
	6.1 Taiwan Semiconductor Manufacturing Company (TSMC)		55
	6.2 Die vier zentralen Werte		56
	6.3 Kundenfokussierte Perspektive: Von Kundenservice 1.0 bis 4.0		57
	Literatur		58
7	**Schluss**		59
	Was Sie aus diesem *essential* mitnehmen können		63

Einleitung 1

„Halbleiter im 21. Jahrhundert sind wie Öl im 20. Jahrhundert. Daher wird die Geschichte der Halbleiter auch zur Geschichte des 21. Jahrhunderts werden." – Lawrence H. Summers, ehemaliger US-Finanzminister

Deutschland unterhält keine diplomatischen Beziehungen zu Taiwan, jedoch sind Taiwan und Deutschland bedeutende Wertepartner, die durch enge und substanzielle wirtschaftliche und kulturelle Beziehungen verbunden sind. Zahlreiche Besuche, insbesondere aus dem parlamentarischen Raum, tragen zur Vertiefung des Austauschs bei.

Die deutschen Interessen in Taiwan werden durch das Deutsche Institut Taipei, das Deutsche Wirtschaftsbüro Taipei, German Trade Office Taipei vertreten. Zudem sind das Informationszentrum des DAAD sowie die Deutsche Schule Taipei, die Teil der Taipei European School ist, dort angesiedelt.

Taiwan verfügt über inoffizielle Vertretungen in Berlin, Hamburg, München und Frankfurt am Main.

Rund 300 deutsche Unternehmen sind in Taiwan ansässig. In den letzten Jahren hat sich die Zusammenarbeit insbesondere in den Bereichen erneuerbare Energien und Zukunftstechnologien intensiviert, in denen beide Seiten umfangreiche Erfahrungen und erhebliches Potenzial sehen.

Die wissenschaftlichen Beziehungen sind ebenfalls vielfältig: Es bestehen über 200 Partnerschaften zwischen Universitäten und Forschungseinrichtungen, begleitet von einem regen akademischen Austausch.

1.1 Taiwan im Zentrum der globalen Machtkämpfe: Die Schlüsselrolle der Halbleiterindustrie

„Wir leben im Zeitalter des Siliziums, einem Zeitalter, das durch Halbleiter definiert wird." – Chris Miller (2023, S. 31)

Chris Miller beschreibt in seinem Buch „Chip War", dass die Halbleiterlieferkette die Machtverständnisse im 21. Jahrhundert prägen wird. Die Kontrolle über Rechenkapazitäten, die im Zeitalter der künstlichen Intelligenz entscheidend sind, ist zum Kern des Konflikts zwischen den USA und China geworden. Taiwan spielt dabei eine Schlüsselrolle: TSMC ist führend in der präzisen Halbleiterherstellung, und etwa ein Drittel der jährlich neu genutzten Rechenleistung stammt aus taiwanesischen Chips[1].

Nach aktuellen Daten von TrendForce-Statistiken für das erste Quartal 2024 produzieren vier taiwanesische Halbleiterunternehmen etwa 68 % der globalen Wafer-Foundry-Wertschöpfung, wobei TSMC mehr als 60 % dieser Anteile ausmacht[2].

Laut dem Vertrauensindexbericht der Deutschen Handelskammer Taipei betrug das Handelsvolumen zwischen Deutschland und Taiwan im Jahr 2023 rund 22 Mrd. US$. Deutschland ist der zweitgrößte ausländische Investor Taiwans, mit Investitionen von 1,5 Mrd. US$, insbesondere im Bereich der Offshore-Windenergie[3]. Deutschland profitiert von Taiwans technologischem Know-how. Diese Partnerschaft verdeutlicht die strategische Bedeutung Taiwans für die europäische Wirtschaft und Technologiepolitik.

1.2 Unterschiede in den geschäftlichen Rahmenbedingungen zwischen Taiwan und China

Obwohl Taiwan und China kulturell und historisch zur chinesischen Gemeinschaft zählen, haben sich seit der politischen Trennung im Jahr 1949 deutliche Unterschiede in den politischen, wirtschaftlichen und gesellschaftlichen Systemen herausgebildet, die auch geschäftliche Aktivitäten beeinflussen.

Auf Grundlage meiner langjährigen Erfahrung in interkulturellen Trainings für deutsche Geschäftsleute und Studierende, die regelmäßig zwischen China und

---

[1] Miller (2023, S. 31).
[2] Vgl. TechNews (2024).
[3] Vgl. German Trade Office Taipei (2024, S. 4).

Taiwan agieren, zeigt sich deutlich, wie wertvoll fundiertes interkulturelles Wissen in der Praxis ist. Oft ist zwar ein Bewusstsein für kulturelle Unterschiede vorhanden, doch fehlen die detaillierten Kenntnisse, um diese Unterschiede gezielt im geschäftlichen und akademischen Umfeld zu navigieren. So unterscheiden sich etwa die verwendeten Schriftsysteme: Während China auf vereinfachte Schriftzeichen setzt, werden in Taiwan die traditionellen Zeichen gepflegt. Auch die Terminologie und Sprachgewohnheiten variieren erheblich zwischen beiden Regionen, was die Kommunikation und das Verständnis beeinflussen kann.

Darüber hinaus unterscheiden sich die digitalen Landschaften beider Regionen signifikant. In China dominieren Plattformen wie WeChat und Baidu den Markt, die stark reguliert und von lokalen Gegebenheiten geprägt sind. Im Gegensatz dazu setzt Taiwan auf international verbreitete Social-Media-Kanäle wie Facebook, Instagram und Google. Diese Unterschiede in der digitalen Infrastruktur wirken sich nicht nur auf Marketingstrategien, sondern auch auf Kommunikations- und Geschäftspraktiken aus, die im interkulturellen Management berücksichtigt werden müssen.

1.3 Taiwans Gesellschaft und Attraktivität

Ein Artikel des chinesischen Magazin *Xin Zhoukan* würdigte 2013 die taiwanesische Bevölkerung und lobte ihre außergewöhnliche Herzlichkeit und Freundlichkeit, die als eine der größten Stärken Taiwans beschrieben wurden. Diese positive Wahrnehmung spiegelt sich auch in den internationalen Rankings wider: Taiwan wurde in den Jahren 2013 bis 2021 kontinuierlich als einer der attraktivsten Standorte für internationale Fachkräfte ausgezeichnet und belegte dabei Spitzenpositionen[4].

1.4 Schwerpunkte des Buches

Taiwan, als eine von Festlandchina unterschiedliche chinesische Gesellschaft, wird in diesem Buch anhand der folgenden vier Schwerpunkte vorgestellt:

- Grundlegende Informationen über Taiwan: Geografie, Geschichte, ethnische Gruppen, taiwanesisches Bewusstsein und Sprachgebrauch.

---

[4] Vgl. Chinesische Enzyklopädie (2013), BDAE (2021), Jerzy (2023) und Business Punk Redaktion (2022).

- Geschäftskultur: Etikette, Kommunikationsstile, Organisationsstruktur, Führung und Personalmanagement.
- Marketing- und Vertriebsstrategien: Wichtige Social-Media-Plattformen und Verkaufspraktiken in Taiwan.
- Verhandlungsstrategien: Wichtige Vorbereitungen für erfolgreiche Geschäftsverhandlungen in Taiwan.

In diesem Buch werden Sie die Ähnlichkeiten und Unterschiede zwischen dem taiwanesischen und dem chinesischen Markt entdecken. Dies wird Sie unterstützen, sicher und gezielt in beiden Kontexten zu agieren.

Literatur

BDAE (2021). Expat-Insider-Studie 2021: Dort fühlen sich Expats am wohlsten. https://www.bdae.com/journal/2500-expat-insider-studie-2021-dort-fuehlen-sich-expats-am-wohlsten Zugegriffen: 03.02.2025

Business Punk Redaktion (2022). Studie: Das sind die zehn beliebtesten Länder für Expats 2022. Business Punk (blog). https://www.business-punk.com/2022/07/studie-das-sind-die-zehn-beliebtesten-laender-fuer-expats-2022/ Zugegriffen: 03.02.2025

Chinesische Enzyklopädie (2013). Taiwans schönste Landschaft ist der Mensch. https://www.newton.com.tw/wiki/%E5%8F%B0%E7%81%A3%E6%9C%80%E7%BE%8E%E7%9A%84%E9%A2%A8%E6%99%AF%E6%98%AF%E4%BA%BA Zugegriffen: 03.02.2025

German Trade Office Taipei (2024). Business Confidence Survey Report 2023/2024. https://taiwan.ahk.de/zh/%E8%B3%87%E8%A8%8A%E4%B8%AD%E5%BF%83/%E5%87%BA%E7%89%88%E5%88%8A%E7%89%A9/%E5%BE%B7%E5%9C%8B%E5%95%86%E6%A5%AD%E4%BF%A1%E5%BF%83%E8%AA%BF%E6%9F%A5%E5%A0%B1%E5%91%8A Zugegriffen: 03.02.2025

Jerzy, Nina (2023). Ranking: Das sind die besten Länder für Expats. https://www.capital.de/karriere/auswandern-die-beliebtesten-laender-bei-expats-32668654.html Zugegriffen: 03.02.2025

Miller, Chris (2023). Chip-War. Taipeh: CommonWealth Magazine

TechNews (2024). Im ersten Quartal 2024 sinkt der weltweite Umsatz der zehn größten Halbleiterhersteller um 4,3 %, SMIC steigt auf den dritten Platz auf. https://technews.tw/2024/06/12/2024q1-foundry-top10/ Zugegriffen: 03.02.2025

Grundlegende Informationen über Taiwan

2.1 Technologischer Vorreiter und Exportchampion

Taiwans Wirtschaft ist das Herzstück seiner globalen Relevanz. Xijun Gao sagte: „Taiwans Lebensader ist die Wirtschaft"[1]. Als handelsorientierte Volkswirtschaft[2] liegt der Schwerpunkt auf der Elektronikindustrie. Zu den Hauptausfuhrgütern zählen Halbleiter, IT-Produkte, Textilien, Kunststoffe, Chemikalien, Stahl und Autoteile. Im Bereich der Auftragsfertigung zählen taiwanesischen OEM- und ODM-Dienstleistungen weltweit zu den besten Elektronikunternehmen[3].

Elektronikunternehmen wie ASUS, Trend Micro, MedaTek und Acer dominieren die Liste der wertvollsten Marken Taiwans[4]. Der Halbleiterhersteller TSMC hält über 60 % des globalen Auftragsfertigungsmarktes und repräsentiert Taiwans technologische Spitzenposition. Zusammen mit UMC, Powerchip und Vanguard International Semiconductor kontrollieren taiwanesische Unternehmen etwa 68 % des globalen Wafer-Foundry-Marktes[5]. Erwähnenswert ist, dass Zhang Ruijun, der Gründer von SMIC China, aus Taiwan stammt, und der derzeitige CEO Liang Mengsong, der einst ein leitender Angestellter bei TSMC war[6], weiter die tiefgreifende Einflussnahme Taiwans im Halbleiterbereich widerspiegelt.

---

[1] Vgl. Gao, Xijun (2024a, S. 43).
[2] Vgl. Gao, Xijun (2024b, S. 111).
[3] Vgl. Wikipedia (2024a).
[4] Vgl. Branding Taiwan (2023).
[5] Vgl. Chung, Eden (2024).
[6] Vgl. Liu, Huanyan (2020).

© Der/die Autor(en), exklusiv lizenziert an Springer Fachmedien Wiesbaden GmbH, ein Teil von Springer Nature 2025
N. Huang, *Taiwan-Kompetenz*, essentials,
https://doi.org/10.1007/978-3-658-47241-2_2

2.2 Strategische Industrien und internationale Investitionen

Taiwan besitzt erstklassige Kompetenzen in ICT, 5G, Wafer-Fertigung und IC-Packaging. Die Regierung strebt eine Transformation hin zu einer innovationsgetriebenen Wirtschaft an und fördert strategische Industrien wie Halbleiter, Künstliche Intelligenz, Verteidigung, Sicherheitskontrollen und die nächste Generation der Kommunikation[7]. Die taiwanesische Halbleiterindustrie nimmt eine Schlüsselrolle in der globalen Wertschöpfungskette ein. Laut Statistiken aus dem Jahr 2023 rangiert Taiwan weltweit an zweiter Stelle bei der gesamten IC-Wertschöpfung sowie im Bereich IC-Design, unmittelbar hinter den USA und vor Südkorea und Japan. Im Bereich der integrierten Geräteherstellung (IDM) liegt Taiwan auf Platz 5, wobei es insbesondere im Speichersegment wie DRAM, NOR Flash und ROM den vierten Rang einnimmt[8].

Führende internationale Technologieunternehmen investieren verstärkt in Taiwan: NVIDIA eröffnete 2022 in Taipeh das erste KI-Innovations- und Forschungszentrum Asiens und plant den Bau des größten Supercomputers sowie die Errichtung eines Auslandshauptquartiers in Taiwan. Die neue Niederlassung soll die Kommunikation mit der Lieferkette optimieren und die Bedeutung Taiwans als globalem Technologiestandort weiter hervorheben. AMD investiert über 5 Mrd. US-Dollar in Forschung und Entwicklung in Taiwan, während ASML und Google die Technologiestandorte weiter stärken[9]. Um fundierte Einblicke in die taiwanesische Halbleiterindustrie und strategische Industrie zu gewinnen, können folgende Quellen genutzt werden: Taiwan Semiconductor Industry Association (TSIA): https://www.tsia.org.tw; Industrial Technology Research Institute (ITRI): https://www.itri.org.tw; SEMI Taiwan: https://www.semi.org

2.3 Wirtschaftliche Abhängigkeiten und strukturelle Herausforderungen

Trotz seiner technologischen Vorreiterrolle ist Taiwan stark von China als größtem Handelspartner abhängig[10].

---

[7] Vgl. Global Views Monthly (2024) und Globale Informationswebsite des Exekutiv-Yuans (2024).

[8] Liu, Peizehn (2023).

[9] Vgl. Xu, Fangda (2024), Guo, Shixian (2024), Dai, Jiafen (2024) und Wu, Jianhua 2024.

[10] Vgl. Wikipedia (2024a) und Statista (2023, S. 34–35).

Tab. 2.1 Stärken und Schwächen der taiwanesischen Industrie im internationalen Vergleich

	Taiwan	Deutschland	USA	Japan	China
Traditionelle Industrie: • Maschinenbau • Elektrotechnik	Stark	Stark	Schwach	Stark	Stark
Elektronik Hochtechnologie	Stark	Schwach	Stark	Stark	Stark
Halbleiter	Stark	Schwach	Stark	Schwach	

Vgl. Huang, Qiyuan (2024)

Die taiwanesische Wirtschaft ist überwiegend auf B2B-Geschäfte ausgerichtet, mit wenig direktem Kundenkontakt. Diese Struktur macht sie anfällig für Anhängigkeiten von Großkunden wie Apple, NVIDIA und Google. Zudem haben viele Unternehmen die Integration von KI-Technologien noch nicht ausreichend vorangetrieben, was die wirtschaftliche Entwicklung bremst. Im Vergleich hat China ein starkes KI-Ökosystem aufgebaut, mit weltweit führenden Unternehmen wie BYD und Huaweis Harmony-Ökosystem (Tab. 2.1)[11].

Taiwan ist nicht nur ein führender Standort in der Halbleiterindustrie, sondern sollte auch seine Soft Power weiter ausbauen. Mit seinem demokratischen System, einer freien Marktwirtschaft und einer offenen Gesellschaft kann Taiwan eine friedliche Koexistenz mit China fördern und seine Vorteile auf der internationalen Bühne weiter stärken. Dies könnte Taiwan zu einer „Insel der Halbleiter, KI und des Friedens" machen[12].

2.4 Geografische Gegebenheiten und Naturgefahren

Taiwan erstreckt sich über 36.179 Quadratkilometern, was in etwa der Fläche von Baden-Württemberg entspricht. Die Insel liegt an der Grenze zwischen der eurasischen Platte und der philippinischen Platte, wodurch sie eine hohe Erdbebenaktivität aufweist. Ein schweres Erdbeben der Stärke 7,2 ereignete sich beispielsweise am 3. April 2024 nahe Hualien.

Das Klima variiert von subtropisch im Norden bis tropisch im Süden, mit häufigen tropischen Stürmen im Sommer, die Überschwemmungen, Erdrutsche und Infrastrukturschäden verursachen können.

---

[11] Vgl. Huang, Qiyuan (2024).
[12] Vgl. Gao, Xijun (2024b, S. 23–26).

Taiwan ist in vier große Erdbebenzonen unterteilt. Vorsorgungsmaßnahmen umfassen die Installation einer Erdbebenwarn-App[13], die frühzeitig Alarm schlägt.

Empfohlene Vorgehensweisen bei Erdbeben[14]:
Im Falle eines Erdbebens sind die folgenden Schritte zu empfehlen:

- Stellen Sie ein Notfallpaket und einen Schutzhelm bereit.
- Suchen Sie sofort Schutz unter stabilen Möbeln oder in der Nähe tragender Wände, um sich vor herabfallenden Objekten zu schützen.
- Schalten Sie Gas und Herd ab und öffnen Sie die Haupttür, um eine Fluchtmöglichkeit zu gewährleisten.
- Vermeiden Sie die Nutzung von Aufzügen; verwenden Sie stattdessen die Treppen, um sich in Sicherheit zu bringen.
- Begeben Sie sich, wenn möglich, in offene Bereiche und halten Sie einen sicheren Abstand zu Stromleitungen, Schildern, Bäumen und Gebäuden, um das Risiko von Verletzungen zu minimieren.

Zusätzlich ist ein 30-sekündiges YouTube-Video verfügbar, das wichtige Information zum Katastrophenschutz bietet[15]. Am besten kauft man in Taiwan eine lokale Prepaid-SIM-Karte, die an Flughäfen oder in Mobiltelefonläden erhältlich ist. Bei Notfällen kann man die Rettungsdienste über die Nummern 110 oder 119 erreichen.

Deutschen Staatsbürgern wird empfohlen, sich in die Krisenvorsorgeliste „Elefand" einzutragen, um im Notfall Unterstützung durch die deutsche Botschaft zu erhalten[16]. Diese Maßnahme sind entscheidend, um Ihre Sicherheit während eines Erdbebens zu gewährleisten.

---

[13] Vgl. Central Weather Administration (2024).
[14] Vgl. Innenministerium, Feuerwehramt R.O.C. (2023).
[15] Vgl. National Fire Agency, R.O.C (2018).
[16] Vgl. Auswärtiges Amt (2024).

2.5 Historische Entwicklung und Taiwan-China-Beziehungen

Taiwan, offiziell Republik China (ROC), und die Volksrepublik China (PRC) betrachten jeweils die andere Seite als Teil ihres eigenen Territoriums. International wird Taiwan nicht als souveräner Staat anerkannt, da die PRC als rechtmäßige Regierung Chinas gilt.

Taiwans strategische Lage und seine hochentwickelte Halbleiterindustrie machen die Insel zu einem wichtigen geopolitischen Faktor, insbesondere für die USA, die Taiwan als Schlüssel im asiatisch-pazifischen Raum sehen. Sollte Taiwan unter chinesische Kontrolle geraten, würde China seine Position im Pazifik deutlich stärken und die USA aus der Region verdrängen[17].

Die Geschichte Taiwans wird in sechs Epochen unterteilt, die in Tab. 2.2 näher dargestellt wird[18].

2.6 Komplexe Beziehungen zwischen Taiwan und China: Eine Analyse

Taiwan und China sind untrennbar miteinander verbunden. Für die internationale Gemeinschaft stellen Taiwan und China zwei verschiedene Länder dar, während Taiwan für China eine innere Angelegenheit ist. Mit der zunehmenden Macht Chinas wird die Frage der Wiedervereinigung zwischen beiden Seiten irgendwann unvermeidlich werden.

Xijun Gao, Professor und Vorsitzender des Fachbereichs Wirtschaftswissenschaften an der University of Wisconsin-River Falls sowie Vorstandsvorsitzender der Commonwealth Publishing Group, beschreibt die komplexen Beziehungen zwischen Taiwan und dem chinesischen Festland folgendermaßen[19]:

- Wirtschaftlich: Ein Land, zwei Systeme.
- Politisch: Ein Land, zwei Regierungen.
- Geografisch: Ein Land, zwei Regionen.
- Kulturell: Ein China.
- Kommunikation: Schnell, um nicht betrogen zu werden; langsam, um keine Chancen zu verpassen.

---

[17] Vgl. Damm (2023a).
[18] Vgl. Ebd. (2021 2023a, b).
[19] Gao, Xijun (2024b, S. 151–152).

Tab. 2.2 Historische Entwicklung Taiwans

Epochen	Wichtige Ereignisse
Vor der niederländischen und spanischen Herrschaft	• Südsee-Völker: Taiwan wurde über Jahrtausende von den einheimischen Südsee-Völkern bewohnt • Chinesische Einwanderer: Ab dem Ende der Ming-Dynastie (1368–1644) begannen große Einwanderungswellen nach Taiwan
Niederländisch-spanische Zeit (1624 bis 1662)	„Ilha Formosa": Ein Begriff, den die Portugiesen im 16. Jahrhundert prägten, als sie Taiwan entdeckten. Er bedeutet „schöne Insel" Erster Einfluss westlicher Kolonialmächte: • Niederländische Ostindien-Kompanie (1622–1661, 1664–1668) und spanische Truppen (1626–1642)
Zheng Chenggong-Zeit (1661 bis 1683)	Einwanderung: Ab dem 17. und 18. Jahrhundert wanderten viele Chinesen nach Taiwan ein, was die Umwandlung von Jagdgebieten in Reis- und Zuckerrohrfelder zur Folge hatte
Qing-Dynastie (1644 bis 1895)	• Einwanderungspolitik: Große Einwanderungsbewegung von Bauern aus Guangdong • Strategische Bedeutung: Taiwan wurde als Frontlinie im Kampf gegen japanische Expansion betrachtet • Erster Japanisch-Chinesischer Krieg (1894–1895): Taiwan wurde an Japan abgetreten, wo es bis 1945 blieb
Japanische Herrschaft (1895 bis 1945)	• Modernisierung: Aufbau eines modernen Industriesystems mit Eisenbahn- und Straßeninfrastruktur • Bildungssystem: Einführung eines umfassenden Grundbildungssystems • Kultureller Einfluss: Starker Einfluss Japans auf Kultur und Sprache sowie grundlegende Veränderungen in der sozialen und politischen Struktur
Republik-China-Zeit (1945 bis jetzt)	

(Fortsetzung)

2.6 Komplexe Beziehungen zwischen Taiwan und China: Eine Analyse

Tab. 2.2 (Fortsetzung)

Epochen	Wichtige Ereignisse
Die Entwicklung nach 1945 bis zur einsetzende Taiwanisierung (1945–1987)	• Nach 1945: Im Bürgerkrieg zwischen der Kuomintang (KMT) und der Kommunistischen Partei Chinas erlitt die KMT-Niederlagen. Chiang Kai-shek führte die verbleibenden Truppen nach Taiwan • Kriegsrecht (1949 bis 1987): Es galt das Kriegsrecht. Beide Regierungen beanspruchten, dass es nur ein China gibt. Die KMT verfolgte ein autoritäres Regierungsmodell, das konfuzianische Moralvorstellungen betonte und Opposition unterdrückte • Taiwanisierung (1978): Chiang Ching-kuo initiierte eine Bewegung zur lokalen Verankerung, die verstärkt auf taiwanesische Fachkräfte setzte • Oppositionsbewegung: Mitte der 1970er Jahre entstand die „Partei außerhalb der Partei" • Aufhebung des Kriegsrechts (1987): Dies markierte den Beginn einer neuen Phase in der politischen und gesellschaftlichen Entwicklung
Transformationsperiode (1987–2016)	• **Demokratisierung:** Pressefreiheit wurde nahezu vollständig wiederhergestellt, und die Gründung neuer Zeitungen und Zeitschriften wurde erleichtert • **Neue Mittelschicht:** Diese Bevölkerungsschicht strebt an, an Entscheidungsprozessen teilzunehmen und zeigt Skepsis gegenüber den „alten Herren" der KMT • **Taiwanisierungspolitik:** Straßenbezeichnungen wurden geändert, staatliche Unternehmen umbenannt, und die Taiwanisierung im akademischen Bereich wurde vorangetrieben • **Verbesserte Beziehungen zur Volksrepublik China:** Seit 2012 gab es Fortschritte, darunter wirtschaftliche Investitionen und Direktflüge sowie touristische Öffnung
Konsolidierte Demokratie mit westlicher Orientierung (seit 2016)	• **Erste Präsidentin:** Tsai Ing-wen wurde zur ersten Frau im Präsidentenamt gewählt • **Westliche Ausrichtung:** Taiwan positioniert sich als Teil der westlichen, demokratischen Weltordnung • **Wahlen 2024:** Die Demokratische Fortschrittspartei (DPP) gewann die Wahlen, und Lai Ching-te wurde Präsident • **Außenpolitik:** Stärkung der Beziehungen zu den USA und Japan • **Neue nationale Identität:** Entwicklung neuer Vorstellungen von Nationalität und kultureller Identität • **Keine offiziellen Kontakte zu China:** Unter der DPP gibt es verstärkte Tendenzen zur Unabhängigkeit Taiwans. (vgl. Abschn. 2.8)

In seinem Buch „Frieden: Die Suche nach einem Doppelgewinn für Taiwan" (2024b) fasst Gao die aktuelle Situation zusammen[20]: Taiwan und das Festland China benötigen nicht Krieg, sondern Austausch und einfühlsame Kommunikation. Die Beziehungen über die Taiwanstraße sollten nicht als Nullsummenspiel betrachtet werden. Derzeit sind diese Beziehungen instabil: Vereinigung, Unabhängigkeit, Stagnation, Krieg, Frieden oder Verzögerung stehen zur Debatte. Eine Verbesserung könnte zu einem Win–Win-Ergebnis führen, während eine Verschlechterung beiden Seiten schaden würde. Die konfrontativen Wettbewerbsverhältnisse zwischen Taiwan und China sollten enden und durch friedliche Wettbewerbsverhältnisse sowie komplementäre Kooperation ersetzt werden. Taiwans wirtschaftliche Perspektiven sind von der politischen Situation abhängig. Das Wohlergehen der taiwanesischen Bevölkerung wird durch die Verhandlungen zwischen beiden Seiten beeinflusst. China ist Taiwans größter Handelspartner, und die optimale Lösung wäre, wenn China als Sprungbrett für die Wirtschaft Taiwans fungiert.

Empfehlung: Insgesamt bietet Gaos Perspektive eine Orientierung für deutsche Unternehmen, die in Taiwan tätig sind oder dort investieren möchten. Ein Verständnis für die komplexen Beziehungen und eine strategische Herangehensweise sind entscheidend, um erfolgreich zu navigieren:

- Wirtschaftliche Integration: Gao beschreibt die Beziehung als „ein Land, zwei Systeme". Deutsche Unternehmen sollten die wirtschaftlichen Synergien zwischen Taiwan und dem Festland erkennen und gegebenenfalls strategische Partnerschaften- insbesondere in Schlüsselindustrien – eingehen, um von der Innovationskraft Taiwans zu profitieren.
- Risikomanagement: Die instabile Beziehung zwischen Taiwan und China erfordert ein effektives Risikomanagement. Unternehmen sollten Szenarien entwickeln, um auf mögliche politische oder wirtschaftliche Veränderungen reagieren zu können.
- Komplementäre Kooperation: Gao fordert ein Ende konfrontativer Wettbewerbsverhältnisse zugunsten kooperativer Ansätze. Deutsche Unternehmen sollten sich auf langfristige Partnerschaften konzentrieren, die Innovation und Wachstum fördern.

---

[20] Vgl. Ebd.

2.7 Ethnische Gruppen

Taiwan ist eine multikulturelle Gesellschaft, die überwiegend von der chinesischen Kultur geprägt ist. Die Gesamtbevölkerung beträgt 23,4 Mio., was rund einem Viertel der Bevölkerung Deutschlands entspricht. Die Han-Chinesen bilden die größte ethnische Gruppe und machen über 96 % der Bevölkerung aus. Die zweitgrößte Gruppe sind die indigenen Völker, die etwa 2,5 % der Bevölkerung ausmachen und insgesamt 16 verschiedene Stämme repräsentieren.

Seit 1990 hat sich die Bevölkerung um etwa 1,1 % erhöht, bedingt durch Heiratsmigration und die Öffnung für Arbeitsmigranten. Die meisten neuen Einwanderer stammen aus Festlandchina, Hongkong und Macau, sowie aus Vietnam, Indonesien und den Philippinen. Innerhalb der Han-Chinesen gibt es zwei Hauptgruppen: Die „Ben-Seng"-Taiwanesen (Einheimische), die zwischen dem 14. und 17. Jahrhundert aus den Provinzen Fujian und Guangdong einwanderten, machen etwa 85 % der Bevölkerung aus. Die „Wai-Seng"-Taiwanesen (äußere Provinz-Bewohner), die zwischen 1945 und 1955 aus Festlandchina kamen und verschiedene ethnische Gruppen umfassen, machen etwa 15 % aus (Abb. 2.1)[21].

Taiwan kann ethnisch grob in fünf Hauptgruppen unterteilt werden: die indigenen Völker, die Holo (Fujianesen), das Hakka, die „Wai-Seng" (äußere Provinz-Bewohner) und die neuen Einwanderer. Außerdem leben in Taiwan viele Chinesisch-Lernende aus aller Welt sowie Ausländer und im Ausland lebende Chinesen.

Kulturell sind die „Ben-Sheng-Ren" (Einheimische) stark von der südchinesischen Fujian-Kultur und der japanischen Kolonialzeit beeinflusst. Seit der Ankunft der Kuomintang (KMT) 1945 dominierte die traditionelle chinesische Kultur. Mit der Übernahme der Demokratischen Fortschrittspartei (DPP) im Jahr 2016 hat sich der Fokus von einer anti-kommunistischen hin zu einer antichinesischen Haltung gewandelt. Dies führte zu erheblichen Änderungen im Schullehrplan und eine Abschwächung der chinesischen Kultur, während die Einflüsse japanischer und koreanischer Popkultur zugenommen haben.

2.8 Einzigartige taiwanesische Identität

Die Interaktionen zwischen Ureinwohnern, frühen Einwanderern und neuen Migranten waren nicht konfliktfrei. In den letzten dreißig Jahren hat sich eine neue taiwanesische Identität entwickelt. Die sich von der unter der Kuomintang

---

[21] Vgl. Exekutiv-Yuan der Republik China (2021).

Abb. 2.1 Ethnische Gruppen in Taiwan

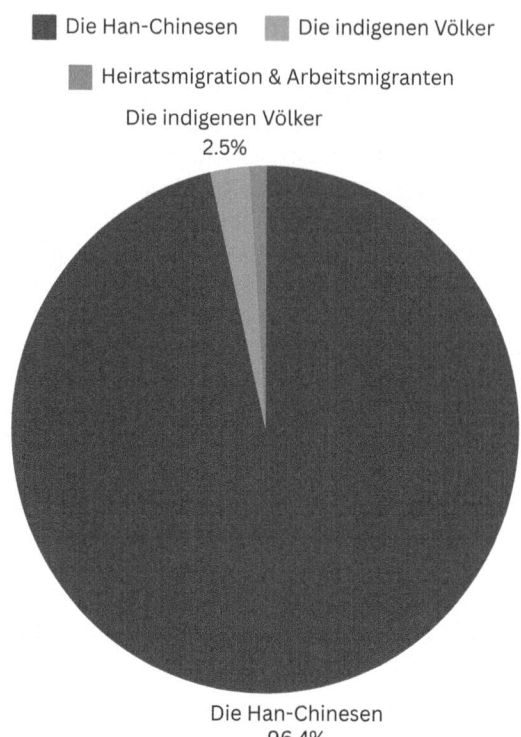

etablierten, auf der chinesischen Kultur basierenden Identität unterscheidet. Diese neue Identität ist die des „Taiwaners" und stellt eine „Ent-Chinesisierung" dar.

Nach der Ankunft der Kuomintang im Jahr 1945 hielten beide Regierungen bis zur Aufhebung des Kriegsrechts 1987 an der Politik eines „einzigen Chinas" fest. Seit 1990 hat sich Taiwan von einer autoritären hin zu einer demokratischen Regierung gewandelt, was zunehmend als Teil der nationalen Identität angesehen wird. Unter der DPP identifizieren sich immer mehr Bürger als Taiwaner und betrachten Taiwan als unabhängiges Land. Die DPP befürwortet die Unabhängigkeit Taiwans und versucht, die kulturellen und historischen Verbindungen zu China zu trennen.

In der Selbstklassifizierung der ethnischen Identität lassen sich grob drei Kategorien unterscheiden:

2.8 Einzigartige taiwanesische Identität

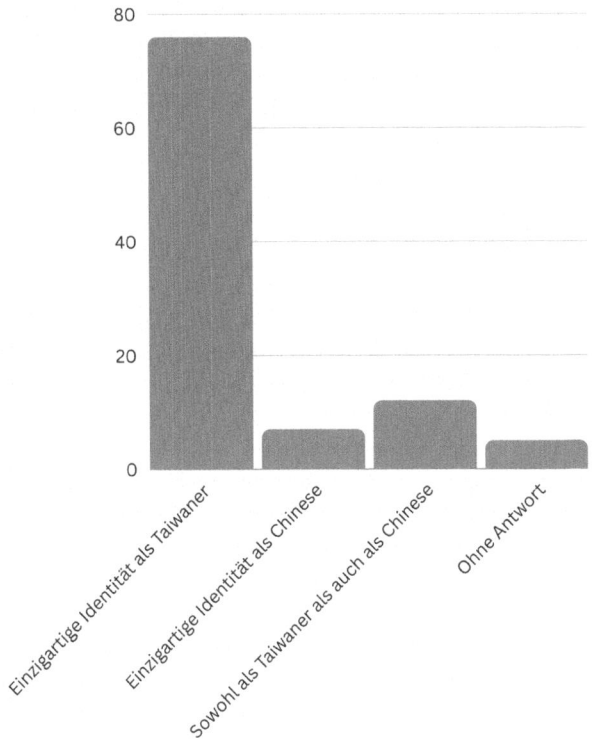

Abb. 2.2 Selbstklassifizierung der ethnischen Identität

- Einzigartige Identität als Taiwaner
- Einzigartige Identität als Chinese
- Sowohl Taiwaner als auch Chinese

Umfragen aus den Jahren 2022 und 2024 zeigen, dass etwa 76 % der Bevölkerung sich als Taiwaner identifizieren, während etwa 12 % sich sowohl als Taiwaner als auch als Chinesen sehen und rund 7 % sich ausschließlich als Chinesen betrachten. Seit der DPP-Übernahme hat die eindeutige Identität als Taiwaner an Bedeutung gewonnen (Abb. 2.2)[22].

---

[22] Vgl. Stiftung für die Förderung der öffentlichen Bildung in Taiwan (2024).

Die Identitätswahrnehmung in Taiwan schwankt und steht in engem Zusammenhang mit der Regierungspartei sowie der Darstellung in den Schulbüchern. Obwohl die Identität als Taiwaner stark ausgeprägt ist, zeigt eine Umfrage, dass über 60 % der Bevölkerung den Status quo beibehalten möchten, was die Frage der Unabhängigkeit betrifft.

2.9 Sprachgebrauch

Taiwan verwendet im Gegensatz zu Festlandchina traditionelle chinesische Schriftzeichen. Diese Schriftzeichen, auch als „klassische Schriftzeichen" bekannt, wurden nicht vereinfacht. Die Vereinfachung in China wurde 1964 eingeführt, um den Analphabetismus zu bekämpfen, indem über 2000 Schriftzeichen vereinfacht wurden[23].

In Taiwan wird das Zhuyin-Fuhao-System zur phonetischen Umschrift verwendet, das sich vom in China verwendeten Hanyu Pinyin unterscheidet. Dieses System wurde in der späten Qing-Dynastie entwickelt und besteht aus 37 Symbolen, die auf der Radikalform der Schriftzeichen basieren[24].

Ein Vergleich der Transkriptionen zeigt die Unterschiede:

- „你" (du) wird in Hanyu Pinyin als nǐ und in Zhuyin-Fuhao als ㄋㄧˇ transkribiert.
- „好" (gut) wird in Hanyu Pinyin als hǎo und in Zhuyin-Fuhao als ㄏㄠˇ transkribiert.

In Taiwan müssen Grundschüler zunächst Zhuyin-Fuhao lernen, bevor sie die Schriftzeichen erlernen. Viele Sprachzentren bieten Lehrmaterialien an, die sowohl Hanyu Pinyin als auch traditionelle Schriftzeichen enthalten.

Die Sprache in Taiwan unterscheidet sich zudem durch einen einzigartigen Akzent. Merkmale des taiwanesischen Akzents sind[25]:

- Verwendung von Liaison: Silben und Wörter werden oft miteinander verbunden.
- Weniger ausgeprägte Zungenspitzenlaute.
- Anpassung von Endsilben: Endlaute werden häufig angehoben oder verlängert.

---

[23] Vgl. Wikipedia (2024b).
[24] Vgl. Wikipedia (2024c).
[25] Vgl. Gao, Shihao (2024).

- Code-Switching: Eingliederung von Englisch oder lokalen Dialekten wie Taiyu (Taiwanesische Sprache).
- Sprachmischung: Vielfalt verschiedener Sprachvarianten und -elemente.
- Häufige Verwendung von Partikeln: Gebrauch von Ausdrucks- und Modalpartikeln wie „la", „ma", „ye", „lo", „ai", „hou" usw.

Diese Merkmale prägen die taiwanesischen Kommunikationskultur.

Höflichkeit und Bescheidenheit sind zentrale Werte, und die Nutzung höflicher Ausdrücke wie „bitte", „danke", „es tut mir leid" und „Entschuldigung" ist weit verbreitet[26]. Die Höflichkeit wird durch den japanischen Einfluss, die Wiederbelebung der chinesischen Kultur und den Buddhismus verstärkt.

2.10 Was bedeutet das für deutsche Unternehmer?

Empfehlung: Was bedeutet das deutsche Unternehmen?

Für deutsche Unternehmen, die in Taiwan tätig werden möchten, ergeben sich sechs wichtige Schlussfolgerungen:

- Geografie und Umwelt: Unternehmen sollten sich über Erbebenzonen und Taifunrisiken informieren. Diese Faktoren sind entscheidend für die Bewertung von Marktchancen und Risiken.
- Politische Stabilität und demokratische Systeme: Taiwan verfügt über ein demokratisches, westlich orientiertes politisches System sowie ein transparentes Geschäftsumfeld. Deutsche Unternehmen können auf Rechtsstaatlichkeit vertrauen und sich auf langfristige Investitionen in Taiwan konzentrieren.
- Kulturelle und sprachliche Vielfalt: Das Verständnis für die kulturelle Besonderheiten und Sprachgewohnheiten ist für die Kommunikations- und Marketingstrategien unerlässlich. Die Verwendung von Zhuyin-Fuhao und traditionellen Schriftzeichen zeigt Taiwans Wertschätzung für Traditionen.
- Komplexität der Beziehungen zwischen Taiwan und China: Unternehmen sollten die sensiblen Beziehungen zwischen Taiwan und China im Auge behalten, da sie Marktstrategien und Lieferketten beeinflussen können. Das Verständnis der taiwanesischen Identität hilft, sensible Themen zu vermeiden.
- Wirtschaftliche und technologische Vorteile: Taiwan ist führend in der Hochtechnologie- und Halbleiterindustrie. Kooperationen in diesen Bereichen können für deutsche Unternehmen von Vorteil sein.

---

[26] Vgl. Ebd.

- Wertschätzung von Höflichkeit und kulturellen Etiketten: In geschäftlichen Interaktionen ist Höflichkeit von großer Bedeutung. Unternehmen sollten Respekt für die lokale Kultur zeigen, um vertrauensvolle Geschäftsbeziehungen aufzubauen.

Literatur

Auswärtiges Amt (2024). Willkommen bei ELEFAND: Elektronische Erfassung Deutscher im Ausland. 17. August 2024. https://krisenvorsorgeliste.diplo.de/signin Zugegriffen: 03.02.2025

Branding Taiwan (2023). Liste der internationalen Markenwerte aus Taiwan – Ministerium für Wirtschaft, Abteilung für Industrieentwicklung – Taiwan Brand Enhancement Project. https://www.branding-taiwan.tw/BrandValue/ Zugegriffen: 03.02.2025

Central Weather Administration. Erdbeben-Warn-App. https://www.cwa.gov.tw/V8/C/S/eservice/app/app_e.html Zugegriffen: 03.02.2025

Chung, Eden (2024). Global Top 10 Foundries Q4 Revenue Up 7.9%, Annual Total Hits US$111.54 Billion in 2023, TrendForce. https://www.trendforce.com/presscenter/news/20240312-12072.html Zugegriffen: 03.02.2025

Dai, Jiafen (2024). Google eröffnet neues Büro in Banqiao, Taiwan: Über 50 Labore machen es zur größten Hardware-Forschungs- und Entwicklungsstätte außerhalb der USA. https://tw.news.yahoo.com/google%E5%8F%B0%E7%81%A3%E6%9D%BF%E6%A9%8Btpke%E6%96%B0%E8%BE%A6%E5%85%AC%E5%AE%A4%E9%96%8B%E5%B9%95-%E8%B6%85%E9%81%8E50%E5%BA%A7%E5%AF%A6E9%A9%97%E5%AE%A4-%E6%88%90%E7%BE%8E%E5%9C%8B%E5%A4%96%E6%9C%80%E5%A4%A7%E7%A1%AC%E9%AB%94%E7%A0%94%E7%99%BC%E5%9F%BA%E5%9C%B0-061322948.html Zugegriffen: 03.02.2025

Damm, Jens (2021). Das ‚andere China'? Bundeszentrale für politische Bildung. https://www.bpb.de/shop/zeitschriften/apuz/326892/das-andere-china/ Zugegriffen: 03.02.2025

Damm, Jens (2023a). Taiwan und die geopolitische Neuordnung in Asien. Bundeszentrale für politische Bildung. https://www.bpb.de/themen/asien/china/517247/taiwan-und-die-geopolitische-neuordnung-in-asien/ Zugegriffen: 03.02.2025

Damm, Jens (2023b). Taiwans Weg zur Demokratie und der chinesische Herrschaftsanspruch. Bundeszentrale für politische Bildung. https://www.bpb.de/themen/asien/china/44291/taiwans-weg-zur-demokratie-und-der-chinesische-herrschaftsanspruch/ Zugegriffen: 03.02.2025

Exekutiv-Yuan der Republik China (2021). Ethnische Gruppen (Nationalprofil – Bevölkerung). https://web.archive.org/web/20210301114309/https://www.ey.gov.tw/state/99B2E89521FC31E1/2820610c-e97f-4d33-aa1e-e7b15222e45a Zugegriffen: 26.08.2024

Literatur

Gao, Shihao (2024). Wie erkennt man den ‚taiwanesischen Akzent'? Warum ist es wichtig, auf den taiwanesischen Akzent zu achten?. LINE TODAY. https://today.line.me/tw/v2/art icle/7NR7kzJ Zugegriffen: 03.02.2025

Gao, Xijun (2024a). Fortschritt: Die kumulierten Vorteile Taiwans. Taipeh: CommonWealth Magazine

Gao, Xijun (2024b). Frieden: Die Suche nach einem Doppelgewinn für Taiwan. Taipeh: CommonWealth Magazine

Global Views Monthly (2024). Taiwan hat bedeutende Vorteile in der digitalen Transformation durch KI, die die nächste Welle der nationalen Sicherheit ermöglicht. https://www.gvm.com.tw/article/112084 Zugegriffen: 03.02.2025

Globale Informationswebsite des Exekutiv-Yuans, R.O.C. (2024). Förderung von fünf vertrauenswürdigen Industrien. https://www.ey.gov.tw/Page/5A8A0CB5B41DA11E/2c8 a7598-da1f-4596-a63c-8371b36190db Zugegriffen: 03.02.2025

Guo, Shixian (2024). ASML eröffnet Niederlassung in Xinbei Linkou – Erster Null-Carbon-Smartpark in Taiwan genehmigt. ETtoday Lokale Nachrichten. https://www.ettoday.net/news/20230802/2553037.htm#ixzz8iDWR9fSe Zugegriffen: 26.08.2024

Huang, Qiyuan (2024). Worin liegt die Stärke der taiwanesischen Industrie? Zwei herausragende Merkmale! Erfahrene Investmentbanker: Nur wenige Länder können mit Taiwan mithalten – Notizen des CEO über die Beziehung zwischen den beiden Ufern der Taiwanstraße. Business Weekly. https://www.businessweekly.com.tw/business/blog/3014970 Zugegriffen: 03.02.2025

Innenministerium, Feuerwehramt R.O.C (2023). Feuerwehr- und Katastrophenschutzmuseum -> Gemeinsam Katastrophenschutzwissen lernen – Erdbebensicherheit. https://www.tfdp.com.tw/cht/index.php?code=list&ids=16 Zugegriffen: 03.02.2025

Liu, Huanyan (2020). Nicht nur Chiang Shang-yi und Liang Mong-song! TSMCs größter chinesischer Konkurrent hatte auch dieser vier taiwanesische Experte. Business Today. https://www.businesstoday.com.tw/article/category/80394/post/202012170045/ Zugegriffen: 03.02.2025

National Fire Agency, R.O.C. (2018). Erdbeben-Evakuierung: Runter, Schutz suchen und festhalten (Aktionsversion 30 Sekunden). https://www.youtube.com/watch?v=_tYWDIz E25c Zugegriffen: 03.02.2025

Statista (2023). Taiwan (Republik China): Statistik-Report zu Taiwan. https://de.statista.com/statistik/studie/id/105383/dokument/taiwan-republik-china/ Zugegriffen: 03.02.2025

Stiftung für die Förderung der öffentlichen Bildung in Taiwan (2024). Taiwanesische ethnische Identität (23. Januar 2024). https://www.tpof.org/%e7%a4%be%e6%9c%83%e8% b6%a8%e5%8b%a2/%e7%9c%81%e7%b1%8d%e6%97%8f%e7%be%a4%e5%8f% b0%e7%81%a3%e4%ba%ba%e7%9a%84%e6%b0%91%e6%97%8f%e8%aa%8d% e5%90%8c%ef%bc%882024%e5%b9%b41%e6%9c%8823%e6%97%a5%ef%bc%89/ Zugegriffen: 03.02.2025

Wikipedia (2024a). Republik China. In Wikipedia: https://zh.wikipedia.org/w/index.php? title=%E4%B8%AD%E8%8F%AF%E6%B0%91%E5%9C%8B&oldid=83691882 Zugegriffen: 03.02.2025

Wikipedia (2024b). Traditionelle chinesische Schriftzeichen. In: Wikipedia. https://zh.wik ipedia.org/wiki/%E7%B9%81%E4%BD%93%E5%AD%97 Zugegriffen: 03.02.2025

Wikipedia (2024c). Zhuyin. In: Wikipedia. https://zh.wikipedia.org/wiki/%E6%B3%A8%E9%9F%B3%E7%AC%A6%E8%99%9F Zugegriffen: 03.02.2025

Xu, Fangda. (2024). NVIDIA und AMD errichten F&E-Zentren in Taiwan – Die KI-Insel Taiwan ist bereit für den Durchbruch. Scoop Weekly Taiwan. https://www.scooptw.com/sunmedia/252994/輝達、超微在台設立研發中心-台灣ai島蓄勢待發/ Zugegriffen: 26.08.2024

Businesskultur 3

In der globalisierten Geschäftswelt ist es unerlässlich, die Geschäftsetikette in verschiedenen kulturellen Kontexten zu verstehen und sich anzupassen. Taiwan zeichnet sich durch eine Vielzahl kultureller Einflüsse aus, darunter die chinesische, Minnan-, Hakka-, japanische, indigene Kultur sowie westliche Einflüsse und die Kulturen neuer Einwohner aus China, Hongkong und Südostasien. Diese kulturellen Wechselwirkungen haben das vielfältige Gesicht Taiwans geprägt. Trotz dieser Vielfalt bleibt die Geschäftswelt stark von der hierarchischen Kultur der chinesischen Gesellschaft geprägt.

In diesem Kapitel werden wir die relevanten Aspekte der Geschäftsetikette und des Kommunikationsstils darstellen. Dazu gehört, wie man einen positiven ersten Eindruck hinterlässt und welche Etikette in verschiedenen Geschäftssituationen zu beachten ist. In der chinesischen Gesellschaft beruht geschäftlicher Erfolg auf der „Harmonie zwischen den Menschen", die sich durch den Aufbau langfristiger Geschäftsbeziehungen, den Austausch von Vorteilen und die Wertschätzung des Gegenübers äußert. Ein wichtiger Aspekt ist die Pflege von Beziehungen, einschließlich Kundenbesuchen, dem Überreichen von Geschenken zu Festen und dem Interesse an den Angelegenheiten des Kunden.

Die chinesische Kultur gehört zu den High-Context-Kulturen, was bedeutet, dass bei der Kommunikation sowohl die Person als auch der Kontext berücksichtigt werden müssen. Die Kommunikation erfolgt grundsätzlich aus der Perspektive des Gegenübers, was sich stark von der deutschen Kultur unterscheidet, die eher eine eigene Perspektive einnimmt. Durch den angemessenen Einsatz von Daten und Fakten können Missverständnisse in der Kommunikation effektiv vermieden werden.

Im Organisationsmanagement zeigen sich in hierarchischen Strukturen je nach Generation unterschiedliche Erwartungen an Rollen und Führungsstile. Im Vergleich zu Deutschland ist die Hierarchiekultur in Taiwan weiterhin stark ausgeprägt. Dieses Kapitel erläutert die Rolle der Führungskräfte und deren spezifisches Führungsverhalten in Taiwan.

Im Bezug auf die Mitarbeitermotivation weist das Bedürfnismodell chinesischer Mitarbeitender signifikante Unterschiede zur Maslowschen Bedürfnistheorie auf. Insbesondere werden sozialer Anerkennung und Ehrgefühl größere Bedeutung beigemessen als der Selbstverwirklichung. Daher ist es für Unternehmen entscheidend, Motivationsmaßnahmen zu entwickeln, die den Bedürfnissen ihrer Mitarbeitenden gerecht werden.

Abschließend beleuchten wir wichtige Aspekte der Konfliktlösung. Das Verständnis und die Achtung kultureller Unterschiede sowie der Einsatz geeigneter Methoden zur Konfliktlösung sind entscheidend für ein harmonisches Arbeitsumfeld.

Durch die Inhalte dieses Kapitels werden Sie die notwendigen Fähigkeiten und Kenntnisse erwerben, um im spezifischen kulturellen Umfeld Taiwans geschäftlich erfolgreich zu sein.

3.1 Geschäftsetikette

3.1.1 Visitenkarten, LINE-App und LinkedIn

Trotz der digitalen Ära spielen Visitenkarten im persönlichen Austausch eine entscheidende Rolle. Sie repräsentieren nicht nur die Identität und den Status einer Person, sondern beeinflussen auch das „Gesicht", das in der chinesischen Gesellschaft von Bedeutung ist. Der Firmenname, die Position und der Titel auf der Visitenkarte prägen die Einschätzung durch andere, insbesondere in hierarchischen Gesellschaften. Daher ist der Austausch von Visitenkarten ein unverzichtbares Ritual in Taiwan.

Beim Überreichen der Visitenkarte sollte diese mit beiden Händen übergeben werden, wobei die Schrift so ausgerichtet sein sollte, dass sie vom Gegenüber von oben nach unten gelesen werden kann. Dies zeigt Höflichkeit und Respekt. Es empfiehlt sich, mehrere Boxen mit Visitenkarten mitzuführen, um auf unerwartete Situationen vorbereitet zu sein.

Die Nutzung der LINE-App ist ebenfalls von großer Bedeutung, da sie die häufigste Kommunikationssoftware in Taiwan ist. LinkedIn fungiert als digitale

3.1 Geschäftsetikette

Visitenkarte und ermöglicht es, sofort Kontakt aufzunehmen. Beim Kennenlernen kann ein gemeinsames Foto gemacht und direkt über LINE oder LinkedIn gesendet werden. Dies hinterlässt einen bleibenden Eindruck und erleichtert die zukünftige Kontaktaufnahme.

Relevante Informationen oder nützliche Kontakte, die dem Gegenüber helfen könnten, sollten aktiv geteilt werden. Diese fördert den Vertrauensaufbau. QR-Code für LINE und LinkedIn auf Ihrer Visitenkarte erleichtern es dem Gegenüber, Sie als Kontakt hinzufügen. Die Visitenkarte sollte in traditioneller chinesischer Schrift und auch auf Englisch gedruckt werden.

3.1.2 Gesichtsausdrucksmanagement und Begrüßung durch Händedruck

Das Gesicht eines Menschen ist ein Fenster zu seinen Gedanken und Gefühlen, insbesondere durch Mikroexpressionen. Diese flüchtigen Gesichtsausdrücke offenbaren oft unbewusste emotionale Reaktionen. Daher ist es wichtig, Ihren Blick zu schulen, um die Mikromimik Ihrer Gesprächspartner besser zu entschlüsseln und so einen tieferen Einblick in ihre wahren Empfindungen zu gewinnen.

Im Kontext des Gesichtsausdrucksmanagement ist es wichtig, dass Deutsche oft ernster wirken, wenn sie nicht lächeln. Daher wird empfohlen, Gesichtsausdrücke zu entspannen. In Taiwan wird ein Lächeln als Zeichen von Höflichkeit und Freundlichkeit geschätzt, was durch Sprichwörter wie „Man schlägt nicht den lächelnden Menschen" unterstrichen wird.

Beim Austausch mit anderen sollte direkter Augenkontakt vermieden werden, um unangenehme Situationen zu verhindern. Der Händedruck ist eine gängige Begrüßungsform, bei der nur leicht gedrückt werden sollte; die Festigkeit des Händedrucks hat in Taiwan keine Bedeutung für die persönliche Integrität. Es ist zudem üblich, beim Treffen zunächst die Person mit dem höchsten Rang zu grüßen.

3.1.3 Aufmerksames Zuhören, Emotionsmanagement und Ausdruck von Dankbarkeit

Aktives und aufmerksames Zuhören ist in Gesprächen entscheidend. Negative Ausdrücke wie Zweifel oder Nervosität sollten vermieden werden, besonders bei unterschiedlichen Meinungen. Bei negativen Gefühlen ist wichtig, diese zu managen und direkte negative Emotionen zu vermeiden.

Eine entspannte Haltung beim Kommunizieren, die Lächeln, Nicken und aufmerksames Zuhören umfasst, hilft, Gelassenheit zu wahren. Betrachten Sie das Lächeln als eine Art Gesichtsyoga. Dankbarkeit kann durch das Zusammenlegen der Hände vor der Brust und ein leichtes Nicken zum Ausdruck gebracht werden – eine respektvolle Geste.

3.1.4 Körperdistanz

In Taiwan ist die körperliche Distanz während Gesprächen im Vergleich zu Deutschland geringer. Aufgrund der hohen Bevölkerungsdichte sind die Menschen an enge Kontakte gewöhnt. Dies hat nichts mit Respekt oder Privatsphäre zu tun, sondern ist eine kulturelle Gewohnheit. Es ist jedoch wichtig, zwischen Männern und Frauen eine angemessene Distanz zu wahren.

3.1.5 Die Bedeutung von Reziprozität und Geschenken

Geschenke für Geschäftspartner sollten deutschen Charakter aufweisen. Für Damen sind deutsche Kosmetik- und Pflegeprodukte passend, während Männer sich über Nahrungsergänzungsmittel freuen können. Es empfiehlt sich, kleinere, hochwertige Artikel zu wählen, anstatt größere, weniger wertvolle Geschenke. Vorab sollten die Vorlieben des Empfängers berücksichtigt werden, um das passende Geschenk auszuwählen.

Ungeeignete Geschenke sind beispielsweise Uhren, da deren Aussprache dem Wort für „Ende" ähnelt und sie somit das Ende des Lebens symbolisieren. Auch weiße oder gelbe Blumen sind unpassend, da sie häufig bei Beerdigungen verwendet werden. Regenschirme und Messer sind ebenfalls ungeeignet, da der Regenschirm wegen seiner ähnlichen Aussprache wie das Wort für „trennen" als unglücklich gilt.

In Taiwan sind Glücksbringer, wie Dekorationsgegenstände in Form von Ananas oder weißen Rettichen, passend, da sie Wohlstand und florierendes Geschäft symbolisieren[1]. In der taiwanesischen Gesellschaft ist Reziprozität, das Prinzip der Gegenseitigkeit, eine grundlegende ungeschriebene Regel für die Pflege

---

[1] Vgl. Huang (2024).

langfristiger Geschäftsbeziehungen. Dieses Prinzip geht über den reinen Austausch von Werten hinaus und fördert ein ausgewogenes Verhältnis zwischen den Partnern.

Bei Kundenbesuchen sollten proaktiv kleine Geschenke mitgebracht werden, um Respekt und Wertschätzung auszudrücken. Wenn man von einem Kunden zu den Feiertagen ein Geschenk erhält, sollte man aktiv Geschenke an bedeutende Kunden senden. Reziprozität bezieht sich nicht nur auf materielle Geschenke, sondern auch auf Einladungen zu Mahlzeiten. Unabhängig davon, ob die anderen aktiven Geschenke machen oder nicht, sollte bei wichtigen Kunden stets gegenseitige Rücksichtnahme gewahrt werden. Diese Haltung zeigt Charakter und Integrität. In Taiwan neigen die Menschen dazu, denen zu helfen, die Dankbarkeit zeigen und ein Gefühl von Wertschätzung vermitteln.

3.2 Kommunikationsstil

Interkulturelle Kommunikationsfähigkeiten sind im internationalen Geschäftsleben von entscheidender Bedeutung. Im Folgenden werden einige zentrale Merkmale der Kommunikation in Taiwan vorgestellt.

3.2.1 Die Bedeutung von Titeln

In Taiwan ist es essenziell, Respekt zu zeigen und den Titel des Gesprächspartners korrekt zu verwenden. Viele Menschen haben einen englischen Namen, den man in informellen Situationen verwenden kann. In formellen Kontexten sollte jedoch der Nachname und der Titel der Person genannt werden, wobei der Nachname vor dem Titel steht. Diese Praxis drückt Respekt und Höflichkeit aus[2].

3.2.2 Häufige Verwendung von höflichen Ausdrücken

In Taiwan ist der Gebrauch höflicher Ausdrücke wie „Entschuldigung" und „Es tut mir leid" weit verbreitet[3]. Er hat fast den Charakter von Redewendungen. Diese Gepflogenheiten reflektieren die tief verwurzelte Etikette-Kultur in der

---

[2] Vgl. Huang et. al. (2012, S. 7–11).
[3] Vgl. Lautenschläger (2019, S. 19).

taiwanesischen Gesellschaft, die von der chinesischen Kultur, der japanischen Kolonialzeit und dem Einfluss des Buddhismus geprägt ist.

3.2.3 Das Lächeln der Menschen in Taiwan

Die Menschen in Taiwan lächeln in vielen Situationen, was nicht nur Freude, sondern oft auch das Bemühen um die Wahrung des „Gesichts" zeigt. In solchen Fällen kann ein Lächeln leicht als Spott missverstanden werden. Es ist wichtig, in der Interaktion mit Taiwanesen eine entspannte Haltung gegenüber ihrem Lächeln einzunehmen und es als sozialen Ausdruck der Höflichkeit zu verstehen, nicht als Zeichen der Missachtung.

Wenn ein Taiwaner bei einem Fehler lächelnd um Entschuldigung bittet, bedeutet dies, dass er die Situation entspannt angehen möchte. Es ist ratsam, die Entschuldigung einfach anzunehmen[4], ohne sich durch Mimik irritieren zu lassen. Dies steht im Gegensatz zur deutschen Kommunikation, bei der höfliche Ausdrücke oft nicht mit einer entsprechenden Haltung verbunden sind.

3.2.4 Indirekte Ausdrucksweise negativer Antworten

In Taiwan neigen die Menschen dazu, negative Antworten indirekt auszudrücken, häufig durch Metaphern oder Gesten. Es ist unüblich, direkt „nein" zu sagen; selbst eine positive Antwort kann manchmal lediglich höflich gemeint sein. Um Missverständnisse zu vermeiden, wird empfohlen, direkte Gespräche zu führen oder Anrufe zu tätigen.

Im Büro- wird oft eher indirekt kommuniziert. MitarbeiterInnen vermeiden es in der Regel, ihre Meinungen in öffentlichen Situationen offen zu äußern und führen private Diskussionen. Dies führt zu einer Unschärfe zwischen beruflichem und privatem Leben.

Im Gegensatz dazu bevorzugen viele Deutsche klare und direkte Kommunikation. Wenn taiwanesische Geschäftspartner auf Fragen nicht direkt antworten, deutet dies häufig auf Zögern oder den Wunsch hin, eine direkte Ablehnung zu vermeiden. Um die Kommunikation zu verbessern, sollten offene Fragen gestellt und persönliche Gespräche gesucht werden, während man auf Körpersprache, Gesichtsausdrücke und emotionale Äußerungen achtet.

---

[4] Vgl. Ebd., S. 19–24.

3.2.5 Respektvolle und offene Haltung

Bei der interkulturellen Kommunikation ist es wichtig, eine respektvolle und offene Haltung zu bewahren. Das Bewusstsein für Unterschiede zwischen Ethnien und Kulturen sowie der Respekt vor lokalen Gepflogenheiten sind entscheidend. Bei der Kommunikation sollte Arbeitsaufgaben klar und verständlich erläutert werden. Die Teilnahme an lokalen Aktivitäten fördert gute Beziehungen, und Lob für andere zeigt eine offene tolerante und verständnisvolle Haltung. Argumente sollten durch Daten und Fakten untermauert werden, um die Kommunikation zu unterstützen.

3.2.6 Digitale Kommunikationskompetenz

Mit dem Fortschritt digitaler Technologien haben viele Menschen die digitale Kommunikation als alltäglich angenommen. Bei der digitalen Kommunikation sollte der Fokus auf dem „Wie" und nicht nur auf dem „Was" liegen. Da digitale Kommunikation oft keine Gesichtsausdrücke oder Tonfallübertragungen beinhaltet, sind das Verständnis und die Interpretation der Botschaft auf den geschriebenen Text beschränkt. Für Kulturen, die hohe Kontextualität und indirekte Kommunikation gewöhnt sind, kann dies leicht zu Missverständnissen führen[5].

Um eine effektive digitale Kommunikation zu fördern, ist es ratsam, Nachrichten laut vorzulesen, bevor sie versendet werden. Emojis und Sticker können genutzt werden, um Emotionen und Tonfall auszudrücken, wodurch sachliche Nachrichten freundlicher wirken. Bei einem ärgerlichen E-Mail-Inhalt sollte man idealerweise nach einer Beruhigungsphase antworten[6].

In Taiwan ist die LINE-App der Hauptkommunikationskanal. Die Nutzung von Stickern und Emojis ist verbreitet, um die Kühle schriftlicher Kommunikation zu mildern. Eine „Guten Morgen"-Nachricht in Bildform ist eine freundliche Geste. Man kann entscheiden, ob man die Nachricht ignoriert oder den Absender darauf hinweist, dass es sich um ein dienstliches Handy handelt, das nur für geschäftliche Angelegenheiten verwendet werden sollte.

Bei Kundenanfragen sollte zeitnah reagiert werden. Ist eine sofortige Antwort nicht möglich, ist es wichtig, den Grund für die Verzögerung zu erklären[7]. Wenn

---

[5] Vgl. Xu, Zhongbo (2022).
[6] Vgl. Harvard Business Review (2023).
[7] Vgl. Xu, Zhongbo (2022).

ein Thema mehr als sechs Sätze zur Erklärung benötigt, wird empfohlen, die Kommunikation mündlich zu führen, um Missverständnisse zu vermeiden. Diese Empfehlung basiert auf der Kommunikationsmanagement-Methode von Jensen Huang, dem CEO von Nvidia[8].

3.3 Hierarchische Organisationsstruktur

3.3.1 Hierarchische Struktur und der Einfluss westlicher Kultur

Die hierarchische Struktur in der chinesischen Kultur entspricht den fünf konfuzianischen Beziehungen: Herrscher und Untertan, Vater und Sohn, Ehemann und Ehefrau, ältere und jüngere Geschwister sowie Freunde. Diese Beziehungen sind durch Ungleichheit geprägt. Das Verständnis von Hierarchie ist tief in der chinesischen Kultur verwurzelt und spiegelt sich in einer autoritären Führungsweise wider, die die Autorität der Führungskraft und die Loyalität der Mitarbeiter betont. Die Führungskraft trägt die Verantwortung für Anweisungen und Entscheidungen.

In Taiwan ist neben der starken Hierarchiekultur auch der Einfluss der westlichen Kultur spürbar. In internationalisierten oder jüngeren Unternehmen wird der Gebrauch von Hierarchietiteln oft abgeschwächt. Da fast jeder in Taiwan einen englischen Namen hat, wird bei der Interaktion mit Ausländern häufig dieser Name verwendet[9], was zu einer weniger ausgeprägten Hierarchiewahrnehmung als in China führt. Bei Personen mit gemeinsamer Universitätsausbildung werden oft informelle Bezeichnungen wie „Ältere Kommilitonin" (xuéjiě, 學姊) oder „Älterer Kommilitone" (xuézhǎng, 學長) verwendet, um Nähe auszudrücken, anstelle traditioneller beruflicher Titel.

3.3.2 Konkrete Ausprägungen der Hierarchiekultur

Die konkreten Ausprägungen der Hierarchie- und Rangordnungskultur lassen sich am Beispiel der Anrede und Geschenke erläutern. Je nach Position und Alter müssen Anrede und Geschenke angepasst werden. Bei der Anrede wird der Nachname plus Titel verwendet, zum Beispiel „General Manager Wang" oder „Minister Li".

---

[8] Vgl. Business Next Media (2024).
[9] Vgl. Peng, Jianwen (2023, S. 93–94).

Die formale Anrede durch Titel ist in der chinesischen Kultur von großer Bedeutung und spiegelt den Respekt vor der Rangordnung wider. Auch der Wert von Geschenken steigt mit der höheren Position des Empfängers. In einer hierarchisch strukturierten Kultur ist es besonders wichtig, im Umgang mit anderen auf Respekt und Höflichkeit zu achten.

3.4 Führungsmanagement

Die Führungskultur in taiwanesischen Unternehmen ist traditionell hierarchisch geprägt und legt großen Wert auf Formalität. Führungskräfte betonen ihre Autorität und ermutigen selten zu abweichenden Meinungen. Akademische Abschlüsse sind besonders hoch angesehen. Der konservative Führungsstil führt oft dazu, dass Vorgesetzte Aufgaben lieber selbst übernehmen, anstatt sie zu delegieren. Dabei steht die Harmonie innerhalb der Organisation im Vordergrund. Persönliche Beziehungen sind im Entscheidungsprozess oft wichtiger als formale Strukturen, wobei das Beziehungsnetzwerk über strikte Regelbefolgung gestellt wird.

In den letzten Jahrzehnten haben sich jedoch Generationsunterschiede herausgebildet. Viele Führungskräfte und MitarbeiterInnen, die im Ausland studiert haben, pflegen mittlerweile einen westlicheren, offeneren und gleichberechtigteren Führungsstil.

3.4.1 Vielseitigkeit der Rolle von Führungskräften

In der chinesischen Gesellschaft übernehmen Führungskräfte oft mehrere Rollen, abhängig von der Situation und den beteiligten Personen. Diese Rollen umfassen:

- Elternrolle: Vorgesetzte kümmern sich nicht nur um berufliche, sondern auch um private Belange der MitarbeiterInnen, etwa Erziehung oder Wohnangelegenheiten. Dabei bieten sie Unterstützung und verfolgen den Fortschritt bei Aufgaben.
- Lehrerrolle: MitarbeiterInnen erwarten klare Anweisungen, Fristen und Arbeitsabläufe. Führungskräfte dienen als Vorbild.
- Beraterrolle: Soziale Kompetenz und emotionale Intelligenz sind gefragt, um eine effektive Kommunikation zu gewährleisten.
- Mediatorrolle: Bei Konflikten treten Führungskräfte als Vermittler auf und sorgen für den Erhalt der Ehre beider Parteien, um die Teamharmonie zu fördern.

In Taiwan lassen sich allgemein fünf Generationen unterscheiden, die jeweils unterschiedliche Erwartungen an die Rolle von Führungskräften haben[10].

- Babyboomer-Generation (1946–1964): Diese Generation erlebte den Aufbau der Infrastruktur und das Aufkommen der Technologiebranche. Sie ist an einen autoritären Führungsstil gewöhnt und erwartet von Führungskräften, dass sie vor allem die Rollen von Eltern und Lehrern übernehmen, die Struktur und Anleitung bieten.
- Generation X (1965–1980): Geprägt durch Ereignisse wie den technologischen Wandel, die 9/11-Anschläge und die SARS-Epidemie, legt diese Generation Wert auf pragmatisches Handeln. Sie erwarten von Führungskräften nicht nur Anleitung, sondern auch ein emotionales Verständnis und Unterstützung. Führungskräfte sollen die Rolle von Mediatoren übernehmen, insbesondere bei Konflikten, und gleichzeitig die Mitarbeiter auf emotionaler Ebene unterstützen.
- Generation Y (1981–1996): Diese Generation wuchs mit Finanzkrisen und Lohnstagnation auf und priorisiert die Work-Life-Balance. Führungskräfte sollten hier die Rollen von Eltern, Lehrern, Beratern und Mediatoren übernehmen, jedoch mit unterschiedlichen Schwerpunkten im Vergleich zu früheren Generationen. Sie wünschen sich weniger Eingriffe in den privaten Bereich, erwarten aber visionäre Führung und Unterstützung bei ihrer persönlichen und beruflichen Entwicklung. Konflikte sollen ruhig und fair gelöst werden.
- Generation Z (1997–2012): Als „Digital Natives" legen sie großen Wert auf persönliche Entwicklung und psychologische Sicherheit. Sie erwarten von Führungskräften, dass diese die vier Rollen (Eltern, Lehrer, Berater, Mediatoren) übernehmen, aber mit einem besonderen Fokus auf Gleichberechtigung und Empowerment. Führungskräfte sollten Raum für kreative Entfaltung schaffen und bei Konflikten gleichberechtigte Verhandlungen bevorzugen.
- Generation Alpha (ca. 2010–2025): Diese jüngste Generation erlebte die COVID-19-Pandemie und betont flexible Arbeitsbedingungen und persönliche Freiheit. Sie erwarten von Führungskräften eher die Rollen von Freunden und Mentoren. Sie brauchen Unterstützung und Freiräume für ihre eigene Entwicklung und wünschen sich eine partnerschaftliche, kreative Zusammenarbeit. Ein autoritärer Führungsstil ist ihnen fremd, sie suchen stattdessen nach Motivation und Innovationsanreizen durch ihre Vorgesetzten.

---

[10] Vgl. Chen, Andre (2024).

Diese Generationenvielfalt bedeutet für Führungskräfte, dass sie ihre Rolle dynamisch anpassen müssen, um den unterschiedlichen Erwartungen und Bedürfnissen gerecht zu werden.

3.4.2 Konkretisierungen des Führungsverhaltens

Die Führung von chinesischen MitarbeiterInnen unterscheidet sich in mehreren Aspekten von der Führung in Deutschland:

- Rollenverständnis: Führungskräfte übernehmen je nach Situation verschiedene Rollen (Eltern, Lehrer, Berater, Mediator).
- Privatleben: Führungskräfte zeigen angemessenes Interesse am Privatleben der MitarbeiterInnen und bieten Unterstützung bei Schwierigkeiten.
- Entscheidungen: Diese sollten zügig und im Interesse des Teams getroffen werden.
- Ermutigung und Lob: Öffentliches Kritisieren wird vermieden; Lob wird öffentlich ausgesprochen, während konstruktive Kritik in privaten Vier-Augen-Gesprächen erfolgt.
- Aufgabenzuweisung und Fortschrittskontrolle: Regelmäßige Aufgabenzuweisung mit klaren Anweisungen und Aufmerksamkeit für den Fortschritt sind wichtig, um Schwierigkeiten zu lösen.
- Aufgabenzuweisung: Klare Anweisungen und regelmäßige Kontrolle des Fortschritts sind entscheidend.
- Mediation: Bei Konflikten treten Führungskräfte als Vermittler auf.
- Teamleistung: Bei Erfolg wird der Beitrag des Teams betont, nicht der Einzelne.

3.5 Entscheidungsfindung

Der Entscheidungsprozess in Unternehmen orientiert sich stark am Wohl des Teams. Führungskräfte berücksichtigen die Bedürfnisse der Gruppe und handeln flexibel.

3.5.1 Entscheidungsprozess

Obwohl die Meinung der MitarbeiterInnen eingeholt wird, liegt die endgültige Entscheidungsgewalt stets bei der Führungskraft. Entscheidungen werden von oben nach unten getroffen und zügig umgesetzt. Der Fokus liegt auf praktischen Lösungen, nicht auf langwierigen Diskussionen. Ziel ist es, eine pragmatische, umsetzbare Lösung zu finden, die alle Parteien zufriedenstellt.

3.5.2 Entscheidungsgeschwindigkeit und Flexibilität

Entscheidungen werden rasch getroffen, und der Prozess bleibt flexibel, um auf Veränderungen reagieren zu können. Anpassungen während der Umsetzung sind üblich, da es weniger um Perfektion als um Praktikabilität geht. Führungskräfte sind offen für Veränderungen, Anweisungen können mehrmals täglich angepasst werden.

3.5.3 Verhaltensrichtlinien für MitarbeiterInnen

MitarbeiterInnen folgen den Anweisungen ihrer Vorgesetzten und handeln zurückhaltend. Hierarchie ist ein zentraler Wert, und öffentliches Kritisieren von Vorgesetzten gilt als Tabu. Dieses System unterscheidet sich von dem in Deutschland, wo Gleichheit und offene Kommunikation betont werden.

3.6 Mitarbeiterengagement

Im Gegensatz zur Maslowschen Bedürfnishierarchie, die stark individualistisch geprägt ist, liegt in der chinesischen Kultur der Schwerpunkt auf sozialem Status und Anerkennung innerhalb der Gruppe. Harmonie und soziale Bestätigung sind zentrale Bedürfnisse[11].

Motivationsmaßnahmen für MitarbeiterInnen beinhalten:

- Öffentliche Anerkennung und Statusbelohnungen,
- Unterstützung im Privatleben,
- Großzügiges Lob für gute Leistungen,

---

[11] Peill-Schoeller (1994, S. 61 ff.).

3.7 Konfliktlösung

- Ein entspanntes Arbeitsklima,
- Prämien und Belohnungen, die auf Teamleistung basieren.

Ein Beispiel ist die Taiwan Power Company (Taipower), die seit 1978 Firmenhochzeiten und Heiratsbeihilfen anbietet, was als vorbildliches Mitarbeitermanagement gilt[12].

3.7 Konfliktlösung

In multikulturellen Arbeitsumgebungen sind Konflikte unvermeidlich. Diese resultieren häufig aus unterschiedlichen Werten, Wahrnehmungen und konkurrierenden Interessen.

3.7.1 Ursprünge und Ursachen von Konflikten

In der Studie von Peill-Schoeller (1994) wurden sieben Konfliktbereiche aufgelistet, die durch Unterschiede zwischen der chinesischen und europäischen Kultur verursacht werden: Selbstwahrnehmung, Beziehung zur Umwelt, soziale Werte, zwischenmenschliche Beziehungen, Definition persönlicher Beiträge, Zeitverständnis und Raumverständnis.

Diese Erkenntnisse lassen sich auch auf Unternehmen in Taiwan übertragen. Hier sind fünf häufige Konfliktquellen aufgeführt:

- Kommunikationsstil
- Werteunterschiede
- Verständnis von Autorität und Systemen
- Vermeidung von Gesichtsverlust
- Work-Life-Balance

3.7.2 Konfliktprävention

Konflikte können durch folgende Maßnahmen verhindert werden:

---

[12] Vgl. Ministry of Economic Affairs, R.O.C. (2022).

- Kulturelles Verständnis: Respekt für unterschiedliche Werte und Kommunikationsstile.
- Kommunikationsrichtlinien: Klarheit in der Kommunikation verhindert Missverständnisse.
- Nutzerhandbuch: MitarbeiterInnen und Führungskräfte füllen Formulare zu Arbeitsweise und potenziellen Konfliktpunkten aus, um Missverständnisse zu vermeiden.
- Arbeitsbeziehungen: Soziale Aktivitäten und Interesse am Privatleben fördern Vertrauen und Zusammenarbeit.

3.7.3 Konfliktbewältigung

Effektive Konfliktbewältigung umfasst[13]:

- Konfliktanalyse: Emotionen und Fakten trennen.
- Mediation: Respektvolle Vermittlung und Verhandlung.
- Sachlich bleiben: Problemorientierte Lösung finden, Emotionen außen vorlassen.
- Aktives Zuhören: Verständnis zeigen und Unterstützung signalisieren.

Diese Ansätze fördern eine harmonische Zusammenarbeit und ein gutes Arbeitsklima.

3.8 Was bedeutet das für deutsche Unternehmen?

Unabhängig davon, ob es um Etikette, Führung, Mitarbeitermotivation oder Konfliktmanagement geht, ist davon auszugehen, dass es kulturelle Unterschiede gibt. Es ist entscheidend, respektvoll mit diesen Unterschieden umzugehen und nicht vorschnelle Urteile zu fällen. Kommunikation sollte stets faktenbasiert erfolgen.

Hier sind sieben Empfehlungen für deutsche Unternehmen, die Geschäftsaktivitäten in Taiwan durchführen:

---

[13] Vgl. Global Views Monthly (2020) und Wu, Yijing (2011).

3.8 Was bedeutet das für deutsche Unternehmen?

- Wert auf Visitenkartenaustausch und digitale Visitenkarten legen: In Taiwan sind Visitenkarten essenziell, daher sollten deutsche Unternehmen sie auf Chinesisch und Englisch mit QR-Codes für LINE und LinkedIn drucken lassen.
- Angemessenes Ausdrucks- und Emotionsmanagement: In Taiwan wird Wert auf Höflichkeit und freundliche Mimik gelegt. Ein Lächeln ist ein Zeichen von Respekt und Freundlichkeit, auch in schwierigen Situationen. Langer direkter Blickkontakt sollte vermieden werden, um keinen Druck auszuüben.
- Flexibel an den taiwanesischen Kommunikationsstil anpassen: Der Kommunikation in Taiwan ist oft indirekt. Deutsche Unternehmen sollten auf Körpersprache und subtile Hinweise achten und offene Fragen stellen. Für präzise Informationen ist ein persönliches Gespräch oft effektiver. Digitale Kommunikationsmittel wie LINE sind weit verbreitet; präzise Wortwahl und zeitnahe Antworten sind entscheidend.
- Die lokalen Höflichkeitsregeln und Reziprozität respektieren: Geschenke spielen eine wichtige Rolle in der taiwanesischen Geschäftskultur. Kleine, typische Geschenke aus Deutschland werden geschätzt. Farben wie Weiß und Schwarz sowie Zahl 4 sollten bei der Geschenkverpackung vermieden werden. Eine Gegenleistung für Geschenke wird erwartet.
- An den taiwanesischen Führungsstil anpassen: Taiwanesische Unternehmen haben oft eine hierarchische Struktur. Führungskräfte sollten öffentliches Feedback vermeiden und stattdessen private Rückmeldungen geben. Die Unterstützung der MitarbeiterInnen, auch auf emotionaler Ebene, wird geschätzt.
- An den schnellen und flexiblen Entscheidungsprozess anpassen: Der Entscheidungsprozess in Taiwan ist pragmatisch und flexibel. Deutsche Unternehmen sollten sich an diese Dynamik anpassen und bereit sein, ihre Planungen bei Bedarf anzupassen.
- Führungskraft als Mediator bei Konflikten: Konflikte sollten ruhig und respektvoll gelöst werden. Deutsche Führungskräfte sollten auf Konsens hinarbeiten und kulturelle Unterschiede beachten, um das „Gesicht" der Gesprächspartner zu wahren.

Literatur

Business Next Media (2024). Keine E-Mail sollte mehr als 6 Zeilen umfassen! Jensen Huang von Nvidia legt großen Wert auf diese Regel. Mit ihm zusammenzuarbeiten ist wie eine Hand in einer Steckdose zu stecken. https://www.managertoday.com.tw/articles/view/68659?utm_source=copyshare Zugegriffen: 03.02.2025

Chen, Andre (2024). ‚Fünf Generationen unter einem Dach' im neuen Arbeitsumfeld: Ein Diagramm, das dir hilft, die Auswirkungen und Trends von Arbeitsplatz, Technologie und Management zu verstehen. https://cn.linkedin.com/pulse/%E4%BA%94%E4%BB%A3%E5%90%8C%E5%A0%82%E6%96%B0%E8%81%B7%E5%A0%B4-%E4%B8%80%E5%BC%B5%E8%A1%A8%E6%A0%BC%E8%AE%93%E4%BD%A0%E5%A6%B3%E4%BA%86%E8%A7%A3%E8%81%B7%E5%A0%B4%E7%A7%91%E6%8A%80%E7%AE%A1%E7%90%86%E8%A1%9D%E6%93%8A%E8%88%87%E8%B6%A8%E5%8B%A2-andre-chen-kr45c Zugegriffen: 03.02.2025

Global Views Monthly (2020). Büro-Konflikte sind unvermeidlich! Wie man mit emotionalen und älteren Mitarbeitern umgehen kann. https://www.gvm.com.tw/article/74938 Zugegriffen: 03.02.2025

Harvard Business Review (2023). Welche negativen digitalen Kommunikationsweisen gibt es häufig und wie kann man sie vermeiden? Harvard Business Review. https://www.hbrtaiwan.com/video/22433/common-digital-miscommunications-and-how-to-avoid-them Zugegriffen: 03.02.2025

Huang, Ning (2024). Glücksbringer und Homophone: Die kulturelle Bedeutung von Speisen und Sprache in der chinesischen Kultur und auf Taiwan. https://www.ning-huang.org/gluecksbringer-und-homophone/ Zugegriffen: 03.02.2025

Huang, Ning et al. (2012). China-Knigge: Chinakompetenz in Kultur und Business. München. Oldenbourg Verlag

Lautenschläger, Deike (2019). Fettnäpfchenführer Taiwan: Wo Götter kuppeln und Ärzte gebrochene Herzen heilen. 2. Aufl. Neuss. Conbook Medien

Ministry of Economic Affairs, R.O.C. (2022). Ein Anruf bringt Glück! Nach einem Jahr Pause veranstaltet Taiwans Elektrizitätsunternehmen heute eine gemeinsame Gruppen-Hochzeit und schickt 51 Paare über den roten Teppich. https://www.moea.gov.tw/MNS/populace/news/News.aspx?kind=1&menu_id=40&news_id=103073 Zugegriffen: 26.08.2024

Peill-Schoeller, Patricia (1994). Interkulturelles Management: Synergien in Joint Ventures zwischen China und deutschsprachigen Ländern. Heidelberg. Springer Berlin

Peng, Jianwen (2023). Der Prozess des Denkens: Die fortgeschrittene Denkmethode, die ich bei TSMC gelernt habe, zur Entwicklung eines strategischen Geschäftsdenkens und fortschrittlicher Arbeitstechniken. Taipeh. Business Weekly Publishing

Wu, Yijing (2011). Sechs Strategien, um das Gefühl der Wertlosigkeit zu überwinden und nicht zwischen beruflichen Konflikten zerrieben zu werden. CommonWealth Magazine. https://www.cw.com.tw/article/5019444?from=search Zugegriffen: 03.02.2025

Xu, Zhongbo (2022). Online-Kommunikationsfähigkeiten im digitalen Zeitalter. Magazin für Finanzberatung. https://www.advisers.com.tw/?p=13168 Zugegriffen: 03.02.2025

Marketing- und Vertriebsstrategien 4

Da die Gesellschaft kollektivistisch orientiert ist, spielen Empfehlungsmarketing und Social Media eine zentrale Rolle. In diesem Kapitel werden die Generationenunterschiede in Taiwan und deren Einfluss auf Markenpräferenzen, die wichtigsten sozialen Medienplattformen und effektive Marketing- und Verkaufsstrategien für den taiwanesischen Markt vorgestellt.

4.1 Verbraucher und Generationenunterschiede

Jede Generation wurde durch die gesellschaftlichen, wirtschaftlichen und technologischen Entwicklungen ihrer Zeit geprägt. Diese Einflüsse haben nicht nur ihre Werte und Verhaltensweisen geformt, sondern auch ihre Erwartungen an Produkte, Dienstleistungen und Marken. Während die Babyboomer-Generation vor allem Wert auf Beständigkeit und Markentreue legt, wächst die Generation Alpha in einer digitalen Welt auf, in der Flexibilität und Innovation im Vordergrund stehen.

Das bedeutet, dass Unternehmen heute keine Einheitsstrategie mehr anwenden können, sondern eine differenzierte Marketingstrategie entwickeln müssen, die den spezifischen Bedürfnissen und Vorlieben der verschiedenen Generationen gerecht wird. Dazu gehört nicht nur, die richtigen Produkte zu entwickeln, sondern auch das Kundenerlebnis und die Kommunikationskanäle gezielt anzupassen.

Die nachfolgende Tabelle zeigt die wesentlichen Unterschiede zwischen den Generationen in Bezug auf ihre Markenpräferenzen und liefert Einblicke, welche Marketingstrategien für jede Generation besonders erfolgversprechend sind. Sie

© Der/die Autor(en), exklusiv lizenziert an Springer Fachmedien Wiesbaden GmbH, ein Teil von Springer Nature 2025
N. Huang, *Taiwan-Kompetenz*, essentials,
https://doi.org/10.1007/978-3-658-47241-2_4

verdeutlicht, dass der Aufbau einer langfristigen Kundenbindung für die Babyboomer von entscheidender Bedeutung ist, während Generation Z durch kreative und digitale Interaktionen angesprochen werden will. Gleichzeitig zeigt sie, wie Marke zu positionieren ist und neue Zielgruppen zu erreichen sind.

Diese differenzierte Betrachtung der Generation ist unverzichtbar, um die vielfältigen Erwartungen und Präferenzen der heutigen Konsumentenlandschaft zu verstehen und in erfolgreichen Marketingstrategien zu berücksichtigen.

In Taiwan wird die Zeitrechnung ab dem Jahr 1912, dem Gründungsjahr der Republik China, verwendet, weshalb die Generationen auch nach Jahrgangsstufen unterschieden werden. Die Entsprechung der Generationen und Jahrgangsstufen in Taiwan ist in der folgenden Tab. 4.1 aufgeführt, die auch die Merkmale und Markenpräferenzen jeder Generation auflistet[1]:

4.2 Internetnutzungs-Trends und Haupt-Soziale Medien Plattformen in Taiwan

Der Bericht „Digital 2024", veröffentlicht von We Are Social und KEPIOS, liefert umfassende Daten zu taiwanesischen Internetnutzern und deren sich veränderten Nutzungsgewohnheiten. Diese Informationen sind für Marketingfachleute von entscheidender Bedeutung, um effektive Marketingstrategien zu entwickeln.

Bis Januar 2024 beträgt die Gesamtbevölkerung Taiwan 23,94 Mio., wobei die Zahl der Internetnutzer 21,68 Mio. erreicht. 94,9 % der Internetnutzer greifen über Mobiltelefone auf das Internet zu, 67,1 % nutzen Laptops oder Desktop-Computer, und 42,4 % verwenden Tablets. Angesichts der nahezu gesättigten Mobiltelefonverbreitung wenden sich die Nutzer zunehmend anderen Geräten zu: 24,3 % verwenden Spielekonsolen, 35,2 % Smartwatches oder Armbänder, und 17 % setzen auf Streaming-Geräte[2].

In Taiwan nutzen 84,5 % der Bevölkerung aktiv soziale Medien, was etwa 20 Mio. Menschen entspricht. Die meistgenutzten Plattformen sind in folgender Reihenfolge: LINE (90,9 %), Facebook (85,1 %), Instagram (68,1 %), FB Messenger (61 %), TikTok (37,6 %) und LinkedIn (13,8 %). Besonders auffällig ist die Vorliebe der taiwanesischen Nutzer für audiovisuelle Inhalte, insbesondere

---

[1] Vgl. ZaoKa Lifestyle-Trendmedien (2024), Chen, Andre (2024) und CommonWealth Magazine Publishing (2021).
[2] Vgl. Wong, Kyle (2024).

Tab. 4.1 Generationsunterschiede

Generationen	Babyboomer-Generation	Generation X	Generation Y (Millennials)	Generation Z	Generation Alpha
Zeit	1946–1964	1965–1980	1981–1996	1997–2012	2010–2025
Jahrgangsstufen	4. Jahrgangsstufe	5. und 6. Jahrgangsstufen	7. und 8. Jahrgangsstufen	9. Jahrgangsstufe	
Merkmale	Erlebte die zehn großen Infrastrukturprojekte und den Aufstieg der Technologiebranche. Am stärksten von digitaler Diskriminierung betroffen	Hat die technologischen Veränderungen, die 9/11-Ereignisse und die SARS-Herausforderungen erlebt. Legt Wert auf konkrete Maßnahmen	Versuchsobjekte der Bildungsreformen, das 921-Erdbeben, die SARS-Pandemie; erlebte die Finanzkrise, langfristige Lohnstagnation; „Erdbeerkinder" Legt Wert auf Work-Life-Balance	Digital Natives Legt Wert auf persönliche Entwicklung und psychologische Sicherheit	COVID-19-Generation Legt Wert auf flexible Arbeit und persönliche Freiheit

(Fortsetzung)

Tab. 4.1 (Fortsetzung)

Generationen	Babyboomer-Generation	Generation X	Generation Y (Millennials)	Generation Z	Generation Alpha
Markenpräferenzen	Bestehende Marken	Bestehende Marken/ Erfahrungsmarken	Bestehende Marken/ Erfahrungsmarken/ Aufmerksamkeitsstarke Marken	Erfahrungsmarken/ Aufmerksamkeitsstarke Marken	Aufmerksamkeitsstarke Marken
Marketingstrategien	Langfristige Beziehungen aufbauen und pflegen: Babyboomer zeigen hohe Markentreue. Marketingstrategien sollten Werte wie Zuverlässigkeit und Beständigkeit betonen. Traditionelle Medien wie Print, TV und direkte Mailings sind besonders effektiv	Work-Life-Balance und digitale Transformation: Diese Generation hat sowohl die analoge als auch die digitale Welt erlebt. Marketing sollte sowohl digitale Kanäle als auch traditionelle Werte betonen. Erfahrungs- und etablierte Marken, die Zuverlässigkeit vermitteln, sind bevorzugt	Erlebnisorientiertes Marketing: Millennials legen mehr Wert auf Erlebnisse als auf Besitz. On-Demand-Services und Abonnement-Modelle wie Netflix oder Uber sind sehr attraktiv. Marken sollten auf digitalen Plattformen, insbesondere sozialen Medien, stark präsent sein und ihre Erlebnisqualität kommunizieren	Digitale Kommunikation und soziale Medien: Generation Z wächst als Digital Natives auf. Sie bevorzugen visuell auffällige und interaktive Marken. TikTok, Instagram und YouTube sind die bevorzugten Plattformen. Kreative, kurze Videoinhalte und innovative Kampagnen sind entscheidend	Zukunftsorientierte und flexible Marken: Generation Alpha wird stark von der Technologie geprägt sein. Marketing sollte innovative und flexible Lösungen hervorheben, die persönliche Freiheit und digitale Integration betonen. Visuelle, interaktive und kreative Inhalte sind besonders relevant

4.2 Internetnutzungs-Trends und Haupt-Soziale Medien Plattformen …

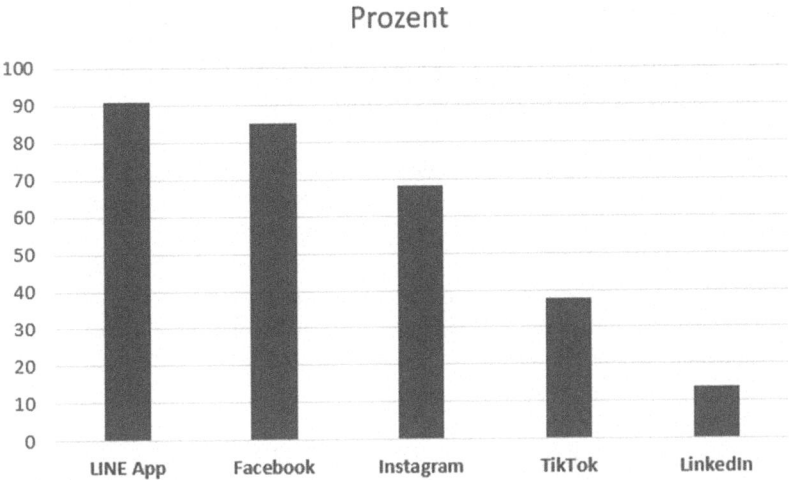

Abb. 4.1 Die am häufigsten genutzten sozialen Plattformen in Taiwan laut dem Bericht „Digital 2024: Taiwan"

auf Plattformen wie YouTube und TikTok. Marken sollten daher ihre Marketingstrategien auf die Produktion und Sichtbarkeit von Video- und Audioinhalten konzentrieren (Abb. 4.1)[3].

Zusätzlich erfreuen sich Xiaohongshu, X (ehemals Twitter) und Threads großer Beliebtheit, insbesondere bei der jungen Bevölkerung.

Xiaohongshu wird oft als „chinesische Version von Instagram" bezeichnet und fördert eine geschmackvolle Lebensweise[4]. Threads legt den Fokus auf textbasierte Kommunikation und Community-Diskussionen[5]. TikTok hingegen nutzt kurze Videos für kreative Markenkommunikation und Informationsverbreitung.

---

[3] Ebd.; Kemp (2024).
[4] Vgl. Wang, Yuqi (2024).
[5] Vgl. Business Next Media (2024).

4.3 Marketingstrategien

4.3.1 Quellen, aus denen taiwanesische Nutzer Markeninformationen suchen

In der Gesellschaft spielt das Beziehungsnetzwerk eine Schlüsselrolle bei Geschäftsaktivitäten. Mundpropaganda-Marketing hat in Taiwan erheblichen Einfluss und kann durch folgende Methoden gefördert werden[6]:

- Zufriedene Kunden ermutigen, positive Erfahrungen zu teilen.
- Die Zielgruppe anzuregen, die Marke in sozialen Medien zu bewerben.
- Empfehlungsprämien anbieten.
- Mit Influencern zusammenarbeiten.
- Treue Kunden belohnen.
- Nutzer-generierte Inhalte zur Verbreitung von Markenbotschaften nutzen.

Durch den Aufbau echter Verbindungen zur Zielgruppe können Markenbefürworter geschaffen werden, die Inhalte teilen und die Marke weiterempfehlen.

4.3.2 Die drei großen sozialen Medienplattformen in Taiwan

Die wichtigsten sozialen Medienplattformen in Taiwan sind LINE, Facebook und Instagram, jede mit unterschiedlichen Nutzergruppen. Bis zu 90,9 % der Internetnutzer verwenden LINE, gefolgt von Facebook mit 85,1 % und Instagram mit 68,1 %[7]. Unternehmen müssen diese Plattformen umfassend nutzen, um die Markenbekanntheit zu steigern und die Interaktion mit Verbrauchern zu verbessern.

Jede Plattform hat einzigartige Funktionen und Nutzerverhalten. Facebook wird hauptsächlich von Babyboomern, die Generation X und teilweise von der Generation Y genutzt, was es ideal für tiefgründige Artikel und Markenbekanntheit macht. Instagram hingegen richtet sich an eine jüngere Zielgruppe, insbesondere Millennials und die Generation Z, die großen Wert auf visuelle Eindrücke

---

[6] Vgl. AXJ International (2024).
[7] Vgl. Wong, Kyle (2024).

legen. Daher ist es wichtig, auffällige Bildinhalte zu betonen. Unternehmen müssen ihre Marketingstrategien speziell auf jede Plattform zuschneiden[8].

Auf der Unternehmensversion von LINE können Firmen über offizielle Konten mit Kunden interagieren, Mitglieder verwalten und die Wiederkaufrate erhöhen. Sie bieten Sticker, Chatbots und andere Dienstleistungen an, um das Kundenbeziehungsmanagement (CRM) zu entwickeln. Das Gruppenkaufmodell auf LINE hat ebenfalls an Bedeutung gewonnen, insbesondere im Kontext des E-Commerce[9].

4.3.3 Influencer-Marketing-Strategien

Die Influencer-Marketing-Strategie hat sich in Taiwan schnell etabliert. Bei der Auswahl von Kooperationspartnern sollte nicht nur die Anzahl der Follower, sondern auch die Übereinstimmung der Markenwerte und die Verbindung zu den Followern berücksichtigt werden, um die Marketingeffektivität zu maximieren[10].

4.4 Verkaufsstrategien

Der Verkaufsprozess umfasst acht Schlüsselfaktoren: Einstellungsgestaltung, Vorbereitung, Vertrauensaufbau, Produktvorstellung, Ermittlung der Kundenbedürfnisse, Umgang mit Ablehnung, Abschluss und Kundenbeziehungsmanagement[11].

Die Verkaufsweise in Deutschland zeigt Schwächen in den Bereichen Vertrauensaufbau, Ermittlung der Kundenbedürfnisse, Umgang mit Ablehnung und Kundenbeziehungsmanagement. Dies liegt an der deutschen Kultur, die auf Sachlichkeit, Direktheit und Effizienz setzt. Verkäufer konzentrieren sich oft mehr auf die Funktionen des Produkts und weniger auf den Aufbau emotionaler Verbindungen.

Im Verkauf in Taiwan müssen unterschiedliche Strategien angewandt werden, um die Kundenbedürfnisse zu verstehen und Vertrauen aufzubauen.

Erfolgreiche Geschäftsabschlüsse hängen oft von zuvor aufgebauten Freundschaften ab. Das taiwanesische Verkaufsmodell betont emotionale Bindungen und langfristige Beziehungen. Verkäufer sollten personalisierten Service bieten und

---

[8] Vgl. AXJ International (2024) und Lin (2024).
[9] Vgl. Jefec (2022).
[10] Vgl. Tsai (2023).
[11] Vgl. Cheng, Alex (2017).

regelmäßig Kontakt zu den Kunden halten, um Vertrauen aufzubauen. Methoden wie das Feiern traditioneller Feste und die Überprüfung der Kundenzufriedenheit stärken diese Beziehungen[12].

Ein tiefes Verständnis der Bedürfnisse und Wünsche der Kunden ist entscheidend. Verkäufer müssen aufmerksam zuhören und maßgeschneiderte Lösungen anbieten, um eine solide Vertrauensbasis zu schaffen. Offene Fragen können helfen, die Kundenbedürfnisse zu ergründen und die Verkaufsstrategien anzupassen.

4.4.1 Emotionale Überlegungen und flexible Handhabung bei der Ablehnung

In der deutschen Verkaufskultur wird bei den Ablehnungen häufig eine direkte und sachliche Vorgehensweise gewählt. In Taiwan sollte hingegen die emotionale Situation des Kunden berücksichtigt und dessen Gefühle beruhigt werden. Verkäufer sollten Verständnis zeigen und angemessene Maßnahmen zur Beruhigung anbieten[13].

4.4.2 Verkauf aus der Perspektive des Verlusts betrachten

Erfolgreiche Verkaufsstrategien in Taiwan heben mögliche Verluste oder Nachteile hervor, die Kunden erleiden könnten. Diese Perspektive kann das Interesse und die Aufmerksamkeit der Kunden steigern, insbesondere wenn das Produkt eng mit ihrem Alltag verknüpft ist. Bei der Vorstellung eines Smartphones sollten neben den Funktionen auch die Unannehmlichkeiten betont werden, die durch den Verzicht auf das Modell entstehen könnten[14].

4.4.3 Erweiterung des Dialognetzwerks

In der taiwanesischen Gesellschaft wird die Kaufentscheidung von verschiedenen Faktoren beeinflusst. Verkäufer sollten neben den Beeinflussern und Befürwortern auch die Entscheidungsträger identifizieren und versuchen, über diese Personen

---

[12] Vgl. Yellow Daddy Süßwarenladen (2023).
[13] Vgl. Cheng, Alex (2024).
[14] Vgl. Yellow Daddy Süßwarenladen (2023).

4.4 Verkaufsstrategien

Einfluss zu nehmen. Ein Beispiel wäre ein Buchhändler, der Beziehungen zu Kindern und deren Nachbarn aufbaut, um die Eltern bei ihrer Kaufentscheidung zu beeinflussen[15].

4.4.4 Berücksichtigung kultureller Faktoren

Ein tiefes Verständnis und die respektvolle Achtung der lokalen kulturellen Faktoren in Taiwan sind von entscheidender Bedeutung für die Entwicklung effektiver Verkaufsstrategien. Taiwanesische Verbraucher haben spezifische Erwartungen und Verhaltensweisen, die stark von ihrer Kultur geprägt sind. So ist es nicht ungewöhnlich, dass sie beim Einkaufen aktiv nach Rabatten fragen oder zusätzliche Geschenke erwarten. Ein besonderes Augenmerk liegt darauf, dass sie sich geschätzt und anerkannt fühlen; der Erhalt eines besonderen Service kann einen entscheidenden Einfluss auf ihre Kaufentscheidung haben und ihr Vertrauen in eine Marke stärken.

Ein anschauliches Beispiel dafür findet sich in den traditionellen Märkten Taiwans. Wenn Verbraucher mehrere Gemüsesorten kaufen, wird häufig als Zeichen der Wertschätzung ein Bündel Frühlingszwiebeln als Gratiszugabe angeboten. Diese Praxis ist äußerst beliebt und zeigt, wie sehr die Kunden solche kleinen Gesten schätzen, die nicht nur den Kauf attraktiver machen, sondern auch das Gefühl vermitteln, besonders behandelt zu werden[16].

Wichtige Feiertage, wie das chinesische Neujahr, das Laternenfest, das Drachenbootfest, das Mittherbstfest und das Qixi-Fest (der chinesische Valentinstag), bieten hervorragende Gelegenheiten für Werbeaktionen und Marketingaktivitäten. Diese Anlässe sind nicht nur kulturell bedeutend, sondern auch für den Einzelhandel äußerst lukrativ. Unternehmen sollten sich diese Zeiträume zunutze machen, um spezielle Angebote zu lancieren und ihre Kunden mit maßgeschneiderter Promotion anzusprechen.

Darüber hinaus ist es wichtig, kulturelle Tabus in Bezug auf Farben und Zahlen zu beachten. In der chinesischen Kultur wird die Farbe Rot traditionell mit Glück und Feierlichkeiten assoziiert, während Weiß oft mit Trauer und Tod verbunden wird. Ähnlich verhält es sich mit Zahlen: Die Zahl 4 gilt als Unglückszahl, während die Zahlen 6 und 8 als Glückszahlen angesehen werden.

---

[15] Vgl. Cheng, Alex (2021).
[16] Vgl. Peng, Jianwen (2021a).

4.5 Was bedeutet das für deutsche Unternehmer?

Für deutsche Unternehmen im taiwanesischen Markt ist es entscheidend, die Markenpräferenzen verschiedener Generationen zu verstehen und soziale Medien effektiv zu nutzen. Erfolgreiche Verkaufsstrategien sollten sich auf den Aufbau emotionaler Verbindungen konzentrieren, die Bedürfnisse der Kunden verstehen und flexibel mit Ablehnungen umgehen. Wichtige Punkte sind:

- Generationenunterschiede: Die fünf Hauptgenerationen in Taiwan (Babyboomer, Generation X, Y, Z, Alpha) haben unterschiedliche Markenpräferenzen. Unternehmen sollten ihre Marketingstrategien entsprechend anpassen.
- Internetnutzung und soziale Plattformen: Die Nutzung von Mobilgeräten dominiert. Die wichtigsten Plattformen sind LINE, Facebook und YouTube. Multimedia-Inhalte sollten im Fokus stehen, wobei neue Plattformen wie Xiaohongshu und Threads ebenfalls beachtet werden sollten.
- Marketingstrategien: Eine Multi-Channel-Strategie ist unerlässlich, um die Reichweite durch Suchmaschinen und soziale Medien zu erhöhen. Inhalte sollten je nach Plattform angepasst werden, etwa durch tiefgründige Artikel auf Facebook und visuelle Inhalte auf Instagram.
- Verkaufsstrategien: Der Aufbau langfristiger emotionaler Verbindungen ist entscheidend. Ablehnungen sollten empathisch behandelt werden, und potenzielle Verluste sollten betont werden. Verkäufer sollten sich bemühen, ihre Kunden gut zu verstehen, um maßgeschneiderte Lösungen anzubieten.

Indem Unternehmen diese Elemente berücksichtigen, können sie im dynamischen taiwanesischen Markt erfolgreich sein.

Literatur

AXJ International (2024). Social Media Marketing in Taiwan: 7 Tips for Success. https://www.ajmarketing.io/post/social-media-marketing-in-taiwan-7-tips-for-success Zugegriffen: 03.02.2025

Business Next Media (2024). Warum ist Threads so beliebt? Taiwaner sind verrückt nach ‚Crispy' und haben damit Mark Zuckerberg auf sich aufmerksam gemacht. https://www.bnext.com.tw/story/16/why-threads-so-popular-taiwan Zugegriffen: 03.02.2025

Literatur

Chen, Andre (2024). ‚Fünf Generationen unter einem Dach' im neuen Arbeitsumfeld: Ein Diagramm, das dir hilft, die Auswirkungen und Trends von Arbeitsplatz, Technologie und Management zu verstehen. https://cn.linkedin.com/pulse/%E4%BA%94%E4%BB%A3%E5%90%8C%E5%A0%82%E6%96%B0%E8%81%B7%E5%A0%B4-%E4%B8%80%E5%BC%B5%E8%A1%A8%E6%A0%BC%E8%AE%93%E4%BD%A0%E5%A6%B3%E4%BA%86%E8%A7%A3%E8%81%B7%E5%A0%B4%E7%A7%91%E6%8A%80%E7%AE%A1%E7%90%86%E8%A1%9D%E6%93%8A%E8%88%87%E8%B6%A8%E5%8B%A2-andre-chen-kr45c Zugegriffen: 03.02.2025

Cheng, Alex (2017). Einsteiger sollten mit einer soliden Grundlage beginnen: Die 8 wesentlichen Schritte für einen erfolgreichen Verkaufsabschluss. https://www.nego.com.tw/LatestArticles_con?id=5569661560464369852 Zugegriffen: 03.02.2025

Cheng, Alex (2021). Je mehr du versuchst, den Kunden zu überzeugen, desto mehr verlierst du ihn? https://www.nego.com.tw/latestArticles_con.aspx?id=788EEE0860B346BB9E1EE1D0C6D2B07D Zugegriffen: 03.02.2025

Cheng, Alex (2024). Von der Kundensegmentierung bis zur Umdeutung: Lerne, mit Ablehnungen umzugehen, und du wirst deinen eigenen Wert besser entfalten können! https://www.nego.com.tw/latestArticles_con.aspx?id=132F9A8FCC854E618144D08976CC9DCA Zugegriffen: 03.02.2025

CommonWealth Magazine Publishing (2021). Wie man die richtigen Verbraucher im Markt der fünf Generationen unter einem Dach anspricht. https://books.cw.com.tw/article/108 Zugegriffen: 03.02.2025

Jefec (2022). Warum brauchen Gruppen-Käufe und Gruppen-Managerinnen ein System? Welche Funktionen bietet ein Gruppen-Kaufsystem? Ein Vergleich der bestehenden Systeme!. JEFEC (blog). https://www.jefec.com/%e5%9c%98%e8%b3%bc%e7%b3%bb%e7%b5%b1/ Zugegriffen: 03.02.2025

Kemp, Simon (2024). Digital 2024: Taiwan. https://datareportal.com/reports/digital-2024-taiwan. Zugegriffen am 03.02.2025

Lin, Zac (2024). Enthüllung erfolgreicher Fallstudien von kleinen und mittelständischen Unternehmen: 11 bewährte Online-Marketing-Strategien. Elektronischer Leopard Blog. https://blog.newsleopard.com/10-smb-marketing-strategies/ Zugegriffen: 03.02.2025

Peng, Jianwen (2021). Die Erfolgsquote des Denkens: Die effiziente Arbeitsmethode, die ich bei TSMC gelernt habe, um Probleme wie ein Unternehmer zu lösen. Taipeh. Business Weekly Publishing.

Tsai, Jeanie (2023). 8 Tips for Success in Marketing in Taiwan. https://www.linkedin.com/pulse/8-tips-success-marketing-taiwan-jeanie-tsui Zugegriffen: 03.02.2025

Wang, Yuqi (2024). Was ist das bei jungen Menschen in Taiwan so populäre ‚Xiaohongshu'? Kostenlose Kurse zum Mitmachen, jeder kann zum Influencer werden und Geld verdienen... Enthüllung der 7 Besonderheiten von ‚Chinas Instagram'. The Storm Media. https://www.storm.mg/lifestyle/3443657 Zugegriffen: 03.02.2025

Wong, Kyle (2024). Enthüllung der neuen Trends im taiwanesischen Internet: Analyse des neuesten Internetnutzungsberichts von 2024! Alle 9 großen Daten-Highlights auf einen Blick. TenMax ad Tech Lab. https://www.tenmax.io/tw/archives/81986 Zugegriffen: 03.02.2025

Yellow Daddy Süßwarenladen (2023). Verkaufstechniken transformieren: Drei große Kommunikationsstrategien taiwanesischer Verkäufer. https://www.yellowdaddy.com.tw/%E6%94%B9%E9%80%A0%E9%8A%B7%E5%94%AE%E6%8A%80%E5%B7%A7%EF%BC%9A%E5%8F%B0%E7%81%A3%E9%8A%B7%E5%94%AE%E4%BA%BA%E5%93%A1%E7%9A%84%E4%B8%89%E5%A4%A7%E6%BA%9D%E9%80%9A%E7%AD%96%E7%95%A5/ Zugegriffen: 03.02.2025

ZaoKa Lifestyle-Trendmedien (2024). Was sind die Ursachen für ‚Generationsunterschiede'? Neben bedeutenden Ereignissen ist dieser Aspekt noch entscheidender. https://tw.news.yahoo.com/%E9%80%A0%E6%88%90-%E4%B8%96%E4%BB%A3%E5%B7%AE%E7%95%B0-%E7%9A%84%E5%8E%9F%E5%9B%A0%E6%98%AF%E4%BB%80%E9%BA%BC-%E9%99%A4%E4%BA%86%E9%87%8D%E5%A4%A7%E4%BA%8B%E4%BB%B6-%E9%80%99%E4%BB%B6%E4%BA%8B%E6%9B%B4%E9%97%9C%E9%8D%B5-090600289.html Zugegriffen: 03.02.2025

Verhandlungsstrategien 5

Das Zitat von Sunzi aus „Kunst des Krieges" besagt: „Wer sich selbst und den Gegner kennt, wird in hundert Schlachten nicht in Gefahr geraten; wer sich selbst kennt, aber den Gegner nicht, wird einmal gewinnen und einmal verlieren; wer weder sich selbst noch den Gegner kennt, wird in jedem Kampf gefährdet sein." Das Zitat unterstreicht die Bedeutung eines umfassenden Verständnisses von sich selbst und dem Verhandlungspartner als Schlüssel zum Erfolg.

Der gesamte Verhandlungsprozess lässt sich in drei Phasen unterteilen: Vorbereitung, Durchführung und Nachbereitung.

Erfahrungsgemäß legen deutsche Verhandler den Schwerpunkt auf den Inhalt der Verhandlung und investieren viel Zeit in die fachliche Vorbereitung. Oft wird jedoch der Hintergrund und die Präferenzen der Beteiligten vernachlässigt, was möglicherweise auf ihre Werte in Bezug auf Privatsphäre und Rechtsstaatlichkeit zurückzuführen ist.

Dieses Kapitel konzentriert sich auf die Herausforderungen, die deutsche Verhandler im Umgang mit zwischenmenschlichen Beziehungen haben.

5.1 Umgang mit taiwanesischen Verhandlungspartnern

Deutsche Verhandlungspartner sollten folgende Denkweisen und Einstellungen entwickeln, um erfolgreich mit Chinesen und Taiwaner zu verhandeln:[1]

---

[1] Vgl. Huang et al. (2012, S. 167–191).

© Der/die Autor(en), exklusiv lizenziert an Springer Fachmedien Wiesbaden GmbH, ein Teil von Springer Nature 2025
N. Huang, *Taiwan-Kompetenz*, essentials,
https://doi.org/10.1007/978-3-658-47241-2_5

1. Tiefes Verständnis: Analysieren Sie den Hintergrund, die Kultur und die Bedürfnisse des Gegenübers, um dessen Position und Motive zu erfassen.
2. Flexibilität: Passen Sie Ihre Reaktionen und Verhandlungstechniken flexibel an die Veränderungen des Partners an.
3. Geduld: Manchmal ist es notwendig, die Verhandlungen hinauszuzögern, um auf günstigere Bedingungen zu warten.
4. Spielraum lassen: Gewähren Sie dem Gegenüber ausreichend Flexibilität, um langfristige Partnerschaften zu fördern.

5.2 Vorbereitung vor der Verhandlung

Die Vorbereitung umfasst die Klärung von Zielen, Informationssammlung, Brainstorming, Festlegung der Taktik und Planspiele[2].

Besondere Aufmerksamkeit sollte der Vorbereitung zwischenmenschlicher Beziehungen und der Eröffnungsrede gewidmet werden.

Verhandlungen sind vor allem zwischenmenschliche Interaktionen. Daher ist es wichtig, die beteiligten Personen – Entscheidungsträger, Einflussnehmer und Berater – zu identifizieren und zu verstehen[3]. Erstellen Sie eine Liste aller möglichen Beteiligten, um das Verhandlungsumfeld besser zu verstehen.

Englischkenntnisse sind in der Regel vorhanden, dennoch kann es ratsam sein, einen Dolmetscher zu engagieren, der idealerweise auch als lokaler Agent fungiert. Dies ist entscheidend, da er alle Informationen über einheimische Gepflogenheiten, insbesondere in Bezug auf Protokolle und Etikette bei Banketten und Geschäftsessen, bereitstellen.

Berücksichtigen Sie bei der Vorbereitung folgende Fragen: Wer ist mein Verhandlungspartner? Was sind dessen Ziele und Bedürfnisse? Wie verhält sich der Partner alleine oder in der Gruppe? Ein umfassendes Verständnis dieser Aspekte ermöglicht die Identifikation von Kooperationsmöglichkeiten, die einzigartigen Mehrwert schaffen[4].

Das Eröffnungsstatement ist ein entscheidender Eisbrecher. Hier sind acht effektive Fragen, die helfen, eine gute Beziehung aufzubauen[5]:

- Wofür interessieren Sie sich momentan am meisten?

---

[2] Vgl. Cheng, Alex (2023a).
[3] Vgl. Ebd. (2023b).
[4] Vgl. Ebd. (2022a).
[5] Vgl. Ebd. (2019).

- Worauf freuen Sie sich zurzeit?
- Was war das Beste, das Ihnen dieses Jahr passiert ist?
- Wo sind Sie aufgewachsen?
- Was machen Sie gerne in Ihrer Freizeit?
- Wer ist Ihr Lieblingssuperheld?
- Unterstützen Sie eine bestimmte Wohltätigkeitsorganisation?
- Gibt es etwas Wichtiges, das ich wissen sollte?

Diese Fragen fördern eine positive Beziehung. Gute Beziehungen und effektive Kommunikation sind Grundlagen für den Erfolg einer Verhandlung. Fehlen sie, kann der Verhandlungsprozess ins Stocken geraten[6].

Deutsche Unternehmen sollten vor der Verhandlung mehr Zeit in die Vorbereitung des Eröffnungsgesprächs investieren. Neben den fachlichen Inhalten sollten Informationen über die Beziehungspartner gesammelt und das Eröffnungsstatement geübt werden. Personalisierte Aussagen und menschliche Ansatzpunkte erhöhen die Flexibilität und Effektivität der Verhandlung.

5.3 In der Verhandlungspraxis

Während der Verhandlung sind drei Punkte besonders wichtig: Erstens kontinuierlich zuhören, zweitens sich bewusst sein, dass der Verhandlungspartner keine endgültige Entscheidungsbefugnis hat, und drittens während des Verhandlungsprozesses keine vorschnellen Entscheidungen treffen[7].

Zuhören bedeutet mehr, als die Worte des Gegenübers zu hören. Berücksichtigen Sie dabei folgende Aspekte[8]:

- Die beabsichtigte Botschaft könnte unvollständig übermittelt worden sein.
- Verbale Äußerungen stimmen möglicherweise nicht mit dem Verständnis des Gegenübers überein.
- Verstehen bedeutet nicht unbedingt Zustimmung.
- Zustimmung garantiert nicht die Umsetzung.
- Selbst bei Zustimmung ist die tatsächliche Umsetzung nicht gesichert.

---

[6] Vgl. Ebd. (2019).
[7] Vgl. Wu, Dilin (2023).
[8] Vgl. Cheng, Alex (2022b).

Achten Sie darauf, die Emotionen und den Tonfall des Gegenübers zu interpretieren, um ein umfassendes Verständnis für deren Anliegen und Bedürfnisse zu erlangen.

Kulturelle Unterschiede beeinflussen den Verhandlungsprozess. In unterschiedlichen kulturellen Kontexten können Kommunikationsstile variieren. Zum Beispiel verwenden westliche Verhandler oft „No, but… (Nein, aber…)", um eine Ablehnung auszudrücken, was jedoch nicht zwangsläufig das Ende der Verhandlung bedeutet. In der chinesischen Kultur könnte ein „Yes, but… (Ja, aber…)" Bedingungen beinhalten. Daher sollte man nicht zu schnell Enttäuschung zeigen oder Zugeständnisse machen[9].

5.4 Nachbereitung der Verhandlung

Nach dem Abschluss der Verhandlung sollten folgende Aufgaben erledigt werden: Bestätigung der Vereinbarungen, Beziehungsmanagement, Überprüfung des Verhandlungsprozesses und Dokumentation. Ein wesentlicher Schritt besteht darin, nach jeder Verhandlung die Protokolle und Schlussfolgerungen per E-Mail oder schriftlich an alle relevanten Parteien zu senden. Diese Protokolle sollten alle betroffenen Personen informieren, es sei denn, es wurde zuvor klar festgelegt, wer nicht informiert werden muss. Professionelle Verhandler sollten dies besonders beachten, da sich die Verhandlungssituation schnell ändern kann[10].

Bei der Rückschau auf die Verhandlung sollte überprüft werden, ob der Prozess den Erwartungen entsprach und ob emotionale Faktoren die Urteilsfindung beeinflusst haben. Prüfen Sie zudem, ob die von der Gegenseite dargestellt „Wahrheit" für Sie so akzeptabel ist und analysieren Sie, ob emotionale Faktoren Ihre Überzeugungen beeinflusst haben[11].

5.5 Was bedeutet das für deutsche Unternehmer?

Deutsche Unternehmen, die in Taiwan Geschäfte tätigen, sollten folgende Strategien befolgen, um sich an die lokale Verhandlungskultur anzupassen:

---

[9] Vgl. Global Views Monthly (2011).
[10] Vgl. Cheng, Alex (2021a).
[11] Vgl. Ebd. (2021b).

- Umfassendes Verständnis und Vorbereitung: Nach Sunzis Weisheit erfordern erfolgreiche Verhandlungen ein tiefes Verständnis der eigenen Position und der des Gegenübers. Forschen Sie gründlich nach Hintergrundinformationen, Kultur und Bedürfnissen Ihrer taiwanesischen Partner.
- Flexibles Reagieren: Der Verhandlungsstil in Taiwan betont Flexibilität. Passen Sie Ihre Strategien je nach Verlauf der Verhandlung an und zögern Sie gegebenenfalls den Prozess hinaus, um günstige Gelegenheiten abzuwarten.
- Wertschätzung von Beziehungen: In Taiwan sind zwischenmenschliche Beziehungen und der Aufbau von Vertrauen entscheidend. Identifizieren Sie relevante Stakeholder und nutzen Sie zu Beginn der Verhandlung effektive Eröffnungsfragen, um gute Beziehungen aufzubauen.
- Berücksichtigung kultureller Unterschiede: Respektieren und passen Sie sich kulturellen Unterschieden an. In Taiwan können Verhandler „Yes, but... (Ja, aber...)" verwenden, um Bedingungen anzudeuten, sodass eine anfängliche Zustimmung später komplexer werden kann. Zeigen Sie daher nicht zu früh Enttäuschung oder machen Sie Zugeständnisse.
- Nachverfolgung nach der Verhandlung: Senden Sie zeitnah schriftliche Protokolle an alle relevanten Parteien, um präzise Informationen sicherzustellen. Diese Protokolle sollten die Ergebnisse der Verhandlung und die dahinerliegenden Details enthalten, um Missverständnisse zu vermeiden.
- Rückblick und Verbesserung: Führen Sie eine Rückschau durch, um zu überprüfen, ob der Verhandlungsprozess den Erwartungen entsprach, und analysieren Sie emotionale Faktoren, die Ihre Urteilsfindung beeinflusst haben könnten. Eine detaillierte Analyse des Verhandlungsprozesses hilft, aus Erfahrungen zu lernen und zukünftige Strategien zu verbessern.

Diese Strategien unterstützen deutsche Unternehmen dabei, sich besser an die Geschäftsumgebung in Taiwan anzupassen, stabile Partnerschaften aufzubauen und die Verhandlungseffektivität zu steigern.

Literatur

Cheng, Alex (2019). Nicht länger nur ein Fremder: Drei eröffnende Themen, die über das bloße Eisbrechen hinausgehen und dich für jeden zum persönlichen Gesprächspartner machen. https://www.nego.com.tw/latestArticles_con.aspx?id=EE25F496C9124FA48434069E5417B238 Zugegriffen: 03.02.2025

Cheng, Alex (2021a). Fünf wichtige Punkte für Fernverhandlungen sowie die Unterschiede und Gemeinsamkeiten zwischen Online- und Präsenzverhandlungen. https://www.nego.com.tw/latestArticles_con.aspx?id=660722532F5A4160B5E89135AEC86275 Zugegriffen: 03.02.2025

Cheng, Alex (2021b). Unermüdlich und unerschrocken: Die 5 wesentlichen Aspekte der Ausbildung eines Spitzenverhandlers. https://www.nego.com.tw/latestArticles_con.aspx?id=DB1DAF6B43C04F23B501747D24F68043 Zugegriffen: 03.02.2025

Cheng, Alex (2022a). Wenn man damit beginnt, in alltäglichen Situationen zu üben, kann man seine Verhandlungsfähigkeiten erheblich verbessern: Die Erkenntnisse aus dem Kurs „Verhandeln und Gewinnen: Fortgeschrittene Verhandlungstechniken" (Klasse 12) haben mich inspiriert. https://www.nego.com.tw/LatestArticles_con?id=A22C529B4CED424D80EC9B1ACD9E015F Zugegriffen: 03.02.2025

Cheng, Alex (2022b). Für sich selbst einzustehen, macht dich und mich nicht zu schlechten Menschen. Lass uns gemeinsam daran arbeiten, unser Selbstbewusstsein zu stärken! https://www.nego.com.tw/LatestArticles_con?id=5FC1E9C3A2684F55A7D02F9DAEF67460 Zugegriffen: 03.02.2025

Cheng, Alex (2023a). Wie kann man Verhandlungskurse effektiver gestalten? Das Buch „Ask for More" – Von der Kunst, gute Fragen zu stellen, bis hin zu einem besseren Verständnis seiner selbst und einer größeren Perspektive. https://www.nego.com.tw/latestArticles_con.aspx?id=4F6ACE90A4DB45C6B3E6870B6F9A8274 Zugegriffen: 03.02.2025

Cheng, Alex (2023b). Von der Veränderung der Spielregeln bis zur Kontrolle der Interessenvertreter: Sehen Sie Ben Affleck und Matt Damon erneut in AIR, dem Ausgangspunkt von Michael Jordans weltberühmter Karriere. Der Film zeigt uns zudem vier Geschäftsprinzipien, um das Unmögliche zu erreichen. https://www.nego.com.tw/latestArticles_con.aspx?id=3BFED74E8EA44DB78D2450438DE0470B Zugegriffen: 03.02.2025

Global Views Monthly (2011). Sieben unverzichtbare Verhandlungstechniken. https://www.gvm.com.tw/article/49203 Zugegriffen: 03.02.2025

Huang, Ning et al. (2012). China-Knigge: Chinakompetenz in Kultur und Business. München. Oldenbourg Verlag

Wu, Dilin (2023). Kursbericht: Praktisches Verhandlungsdenken. https://woodylin.com/blog/negotiation-training-review Zugegriffen: 03.02.2025

Fallbeispiel: „TSMC" 6

6.1 Taiwan Semiconductor Manufacturing Company (TSMC)

TSMC wurde von Morris Chang im Jahr 1987 gegründet, ist ein weltweit führendes Unternehmen in der Halbleiterindustrie und hat das Modell der spezialisierten Halbleiterfertigung etabliert. Bis 2024 hat TSMC für 528 Kunden fast 11.895 Produkte in Bereichen wie Hochleistungsrechnen, Smartphones und Internet der Dinge hergestellt. Mit einer jährlichen Produktionskapazität von über 16 Mio. Zwölf-Zoll-Wafern betreibt die TSMC-Fertigungsstätten in Taiwan, China, den USA und Japan. Die Kernwerte des Unternehmens – Integrität, Engagement, Innovation und Kundenvertrauen – bilden die Grundlage ihres Erfolgs und spiegeln eine partnerschaftliche Servicephilosophie wider[1]. Morris Chang setzte auf Vertrauen und Partnerschaft: TSMC sollte nicht mit seinen Kunden konkurrieren, sondern als zuverlässiger Fertigungspartner agieren. Dieser Ansatz überzeugte Großkunden wie Philips und später Apple. Diese Werte sind der Schlüssel zu einem Verständnis, warum TSMC heute als weltweit führender Auftragsfertiger in der Halbleiterindustrie gilt [2].

Konrad Yang Guanglei, ehemaliger Leiter der Forschungs- und Entwicklungsabteilung bei TSMC, betont die Komplexität der Chipproduktion und verweist auf den Einfluss kultureller Werte:

> „Jeder Schritt muss präzise ausgeführt werden, und dafür sind gut ausgebildete Fachkräfte notwendig, die die Regeln und Standards einhalten."[3]

---

[1] Vgl. TSMC (2024a, b) und Chang, Morris, 2024

[2] Chang, Morris (2024).

[3] Young, Konrad (2024).

Er hebt hervor, dass die konfuzianische Kultur die Arbeitsweise bei TSMC stark beeinflusst hat. Diese kulturellen Werte fördern Präzision, Zusammenarbeit und das kollektive Wohl über das individuelle. Yang ist überzeugt, dass Taiwan und Südkorea ideale Standorte für die Halbleiterindustrie sind, da es dort Fachkräfte gibt, die bereit sind, Anweisungen zu befolgen und Überstunden zu leisten, um qualitativ hochwertige Ergebnisse zu erzielen[4]. Dieser kulturelle Hintergrund hat TSMC dabei geholfen, eine disziplinierte und innovative Belegschaft aufzubauen, die in der Lage ist, technologische Durchbrüche zu erzielen und gleichzeitig die Anforderungen einer globalen Kundschaft zu erfüllen.

6.2 Die vier zentralen Werte

Die Werte eines Unternehmens prägen das Verhalten und die Entscheidungen im täglichen Geschäft sowie in der Zusammenarbeit mit Kunden, Partnern und Mitarbeitern. Unternehmen legen zunehmend Wert darauf, Mitarbeiter zu gewinnen, die ähnliche Werte teilen, was langfristig zu einer besseren Bindung und positiven Unternehmenskultur führt.

TSMC verfolgt vier zentrale Werte[5]:

- Ehrlichkeit und Integrität

Ehrlichkeit steht im Mittelpunkt. Kundenversprechen werden sorgsam gemacht und eingehalten. Im Wettbewerb wird der rechtliche Rahmen respektiert, und im Umgang mit Lieferanten wird Fairness gewahrt. Im Unternehmen gibt es keine Toleranz für Korruption oder politische Machenschaften. Bei der Personalauswahl zählen Charakter und Fähigkeiten mehr als persönliche Beziehungen.

- Verpflichtungen

TSMC hält Verpflichtungen gegenüber Kunden, Lieferanten, Mitarbeitern, Aktionären und der Gesellschaft strikt ein, um die Interessen aller Beteiligten zu wahren. Es wird erwartet, dass auch Partner ihre Verpflichtungen zuverlässig erfüllen.

---

[4] Vgl. Ebd. (2024).
[5] Vgl. TSMC (2024b) und Peng, Jianwen (2021b).

- Innovation

Innovation ist der Motor des Wachstums und umfasst Strategie, Technologie und Management. Neue Ideen müssen effektiv umgesetzt werden, sonst bleiben sie leere Worte.

- Kundenvertrauen

Kunden werden als Partner angesehen, deren Bedürfnisse Priorität haben. Der Erfolg der Kunden spiegelt sich in der Wettbewerbsfähigkeit des Unternehmens wider. Langfristige Vertrauensbeziehungen zu Kunden sind entscheidend, um ein unverzichtbarer Partner zu werden.

TSMC nutzt drei Methoden, um diese Werte zu vermitteln und zu verankern[6]:

- Sprechen: Eine gemeinsame Sprache wird durch Schulungen zu den Kernwerten und Verhaltensstandards geschaffen. Geschichten und andere Kommunikationsformen helfen, diese Werte zu verbreiten.
- Handeln: Führungskräfte und Mitarbeiter agieren als Vorbilder und zeigen die Werte im Arbeitsalltag. Konsensbesprechungen und regelmäßige Meetings fördern diese Kultur.
- Festigen: Die Werte werden durch Vorbilder, Verhaltensbewertungen, Anreize und regelmäßige Überprüfungen der Richtlinien gefestigt. So wird sichergestellt, dass das äußere Verhalten mit dem inneren Wertesystem übereinstimmt.

6.3 Kundenfokussierte Perspektive: Von Kundenservice 1.0 bis 4.0

Der Kundenservice von TSMC wird in vier Stufen unterteilt, um die Kundenzufriedenheit zu steigern[7]:

- Kundenservice 1.0: Gesagtes halten. Die grundlegende Ebene des Kundenservices besteht darin, Kundenanforderungen zu erfüllen und Aufgaben im eigenen Verantwortungsbereich zu erledigen. Auch wenn eine Anfrage nicht

---

[6] Vgl. Peng, Jianwen (2021a, S. 93–94).
[7] Vgl. Ebd., S. 42–49.

vollständig erfüllt werden kann, ist es wichtig, den Kunden regelmäßig über den Stand der Dinge zu informieren.
- Kundenservice 2.0: Proaktive Erkennung und Vorwegnahme der Kundenbedürfnisse. Hierbei geht es darum, die Hintergründe von Kundenanfragen zu verstehen und die zugrunde liegenden Ziele ermitteln. Dies ermöglicht es, proaktiv zu handeln und die Erwartungen der Kunden zu übertreffen.
- Kundenservice 3.0: Der Fokus liegt auf den Menschen, nicht auf den Produkten. Im Kundenkontakt sollte man Interesse an der aktuellen Situation des Kunden zeigen und persönliche Beziehungen aufbauen.
- Kundenservice 4.0: Antizipation der Bedürfnisse der Kunden der Kunden. Es geht darum, die Bedürfnisse der eigenen Kunden sowie deren Kunden zu verstehen und zu erfüllen. Kundenservice ist eine Verantwortung für alle MitarbeiterInnen. Die klare Definition und konsequente Umsetzung von Werten sowie die ausgeprägte Kundenorientierung sind zentrale Erfolgsfaktoren von TSMC. Das Fallbeispiel zeigt eindrucksvoll, wie ein wertebasiertes Handeln und ein strategischer Kundenfokus zu langfristigem Erfolg und globaler Marktführerschaft führen können.

Literatur

Peng, Jianwen (2021a). Die Erfolgsquote des Denkens: Die effiziente Arbeitsmethode, die ich bei TSMC gelernt habe, um Probleme wie ein Unternehmer zu lösen. Taipeh. Business Weekly Publishing

Peng, Jianwen (2021b). TSMCs ‚Kernwerte' – Warum sind sie nicht nur ein leeres Schlagwort? Beobachtungen eines Managers mit zehnjährigen Erfahrungen – Peng Jianwen Kolumne. Business Weekly. https://www.businessweekly.com.tw/management/blog/3005300 Zugegriffen: 03.02.2025

TMSC (2024a). Unternehmensvorstellung – Taiwan Semiconductor Manufacturing Company (TSMC). https://www.tsmc.com/chinese/aboutTSMC/company_profile Zugegriffen: 03.02.2025

TSMC (2024b). Values and Business Philosophy – Taiwan Semiconductor Manufacturing Company Limited. https://www.tsmc.com/english/aboutTSMC/values Zugegriffen: 03.02.2025

Young, Konrad (2024). Ist ‚Konfuzianische Kultur' der Vorteil bei der Chipproduktion in Taiwan und Südkorea? Ehemaliger TSMC-Manager enthüllt die zwei wichtigsten Talenteigenschaften. https://www.bnext.com.tw/article/79244/tsmc-confucianism-chip Zugegriffen: 03.02.2025

Schluss 7

Dieses Buch beleuchtet verschiedene Aspekte, die bei Geschäftsaktivitäten in Taiwan beachtet werden sollten. Themen wie Informationen über Taiwan, Kommunikation, Führung, Konfliktlösung, Mitarbeitermanagement, Marketing- und Verkaufsstrategien sowie Verhandlungsstrategien werden behandelt.

Zusammenfassung der Hauptpunkte:

- Informationen über Taiwan: Taiwan hat eine einzigartige geografische Lage. Vor einer Reise sollte man sich über Erdbeben- und Taifunrisiken informieren und die lokale Sprache sowie kulturelle Besonderheiten verstehen. Taiwan bietet ein stabiles rechtliches Umfeld und fortschrittliche Technologien, die die Wettbewerbsfähigkeit fördern.
- Businesskultur: Für deutsche Unternehmen sind folgende Empfehlungen entscheidend: Wertschätzung des Visitenkartenaustauschs in Chinesisch und Englisch, Anpassung an subtile Kommunikationsweisen und Verständnis für lokale Gepflogenheiten wie Geschenke. Auch das Management hierarchischer Strukturen und das respektvolle Verhalten bei Konflikten sind wichtig.
- Marketing- und Verkaufsstrategien: Erfolgreiche Marketingstrategien berücksichtigen die unterschiedlichen Markenpräferenzen der Generationen und nutzen soziale Medien effektiv. Unternehmen sollten audiovisuelle Inhalte erstellen und eine Mehrkanal-Präsenz pflegen, um Markenvertrauen aufzubauen.

- Verhandlungsstrategien: Deutsche Unternehmen sollten umfassend vorbereitet sein und die Bedeutung zwischenmenschlicher Beziehungen respektieren. Flexibilität während des Verhandlungsprozesses ist entscheidend. Nach der Verhandlung ist eine schriftliche Zusammenfassung hilfreich, um Missverständnis zu vermeiden.

Reflexion: Unterschiede und Gemeinsamkeiten mit dem chinesischen Festland
Unterschiede zum chinesischen Festland:

- Politisches und rechtliches Umfeld: Taiwan bietet ein stabiles demokratisches System und ein transparentes Geschäftsklima. Im Gegensatz dazu wird das Geschäftsumfeld auf dem Festlandchina von Zentralismus und politischen Änderungen beeinflusst.
- Businesskultur und Kommunikationsweise: In Taiwan liegt der Fokus stärker auf langfristigen Beziehungen, während in China kurzfristige Ergebnisse betont werden. Die Kommunikationsweise in Taiwan ist oft emotionaler und nuancierter.
- Marktnachfrage und Verbrauchergewohnheiten: Der taiwanesische Markt ist von lokaler Kultur und Globalisierung geprägt. Im Vergleich ist der chinesische Markt vielfältiger und unterliegt schnellen Veränderungen.
- Unterschiede in der Nutzung von Social Media-Plattformen: Die Verwendung von Social Media unterscheidet sich erheblich zwischen Taiwan und Festlandchina.

Gemeinsamkeiten mit dem chinesischen Festland:

- Wertschätzung von Beziehungen: In beiden Regionen sind gute Geschäftskontakte und Vertrauen entscheidend für den Erfolg.
- Anpassungsfähigkeit: Unternehmen in beiden Regionen müssen sich schnell an Marktveränderungen anpassen.
- Betonung von Partnerschaften: Der Aufbau solider Partnerschaften wird in beiden Geschäftsumfeldern als Grundlage für den Erfolg angesehen.

Epilog: Mein persönliches Nachwort
Liebe Leserinnen und Leser,
   die Geschäftskultur Taiwans vereint Tradition und Moderne - ein faszinierender Mix, der Offenheit und langfristige Beziehungen erfordert. Ich hoffe, dieses

7 Schluss

Buch hat Sie inspiriert, neue Perspektiven einzunehmen und die Möglichkeiten, die Taiwan bietet, mutig zu nutzen.

Bleiben Sie neugierig! Auf meiner Website und in den sozialen Medien finden Sie regelmäßig neue Inhalte und Anregungen. Ich freue mich auf den Austausch mit Ihnen.

Vielen Dank, dass Sie mich auf dieser Reise begleitet haben. Ich wünsche Ihnen viel Erfolg und spannende Entdeckungen!

Schöne Grüße

Ning Huang

Was Sie aus diesem *essential* mitnehmen können

1. **Erkenntnisse über Taiwans geopolitische und wirtschaftliche Rolle:** Sie werden die Verknüpfung von geopolitischen Spannungen und wirtschaftlichen Interessen verstehen, sowie deren Auswirkungen auf globale Wertschöpfungsketten.
2. **Fundiertes Wissen über Taiwans Entwicklung:** Sie erfahren, wie Taiwan zum technologischen Vorreiter und Exportchampion wurde, und verstehen die komplexen Beziehungen zu China sowie die kulturelle Vielfalt der Insel.
3. **Vertiefte Einblicke in die taiwanesische Geschäftskultur:** Sie lernen die Feinheiten der Geschäftsetikette, Führungsstile und Entscheidungsprozesse kennen und können dieses Wissen in der Praxis anwenden.
4. **Strategien für erfolgreiches Marketing und Vertrieb:** Sie nutzen detaillierte Erkenntnisse über Zielgruppenunterschiede, digitales Konsumverhalten und Social-Media-Trends, um Ihre Marketing- und Vertriebsstrategien zu optimieren.
5. **Praktische Ansätze für erfolgreiche Verhandlungen:** Sie entwickeln kulturelle Sensibilität, bereiten sich optimal vor und verbessern Ihre kommunikativen Fähigkeiten für erfolgreiche Verhandlungen mit taiwanesischen Partnern.

The manufacturer's authorised representative in the EU is Springer Nature Customer Service Centre GmbH, Europaplatz 3, 69115 Heidelberg, Germany. If you have any concerns regarding our products, please contact ProductSafety@springernature.com

Printed and bound by CPI Group (UK) Ltd, Croydon, CR0 4YY

23/03/2026

02076397-0011